서비스를
파는 남자

서비스를 파는 남자

발행일   2018년 4월 25일

지은이   정 태 유
펴낸이   손 형 국
펴낸곳   (주)북랩
편집인   선일영   편집   권혁신, 오경진, 최승헌, 최예은
디자인   이현수, 김민하, 한수희, 김윤주, 허지혜   제작   박기성, 황동현, 구성우, 정성배
마케팅   김회란, 박진관, 윤정근
출판등록   2004. 12. 1(제2012-000051호)
주소   서울시 금천구 가산디지털 1로 168, 우림라이온스밸리 B동 B113, 114호
홈페이지   www.book.co.kr
전화번호   (02)2026-5777   팩스   (02)2026-5747

ISBN   979-11-6299-082-7 03320(종이책)   979-11-6299-083-4 05320(전자책)

이 도서의 국립중앙도서관 출판예정도서목록(CIP)은 서지정보유통지원시스템 홈페이지(http://seoji.
nl.go.kr)와 국가자료공동목록시스템(http://www.nl.go.kr/kolisnet)에서 이용하실 수 있습니다.
(CIP제어번호 : CIP2018012440)

(주)북랩 성공출판의 파트너

북랩 홈페이지와 패밀리 사이트에서 다양한 출판 솔루션을 만나 보세요!

홈페이지 book.co.kr • **블로그** blog.naver.com/essaybook • **원고모집** book@book.co.kr

고객의 마음을 확실히 사로잡는 세일즈 비법

서비스를
파는 남자

정태유 지음

북랩 book Lab

CONTENTS
★★★★★

PART

01

나는 한 번도
판 적이 없습니다

서비스를 파는 남자

사람을 상대한다는 것, 그것도 모르는 사람에게 먼저 다가간다는 것, 게다가 무엇인가를 상대방에게 팔아야 한다는 것. 판매, 세일즈, 영업, 그 용어가 무엇이든 간에 한 번도 경험해 보지 못한 사람에게 있어서 이런 행위는 결코 쉽지 않은 것은 사실이다. 내가 그랬기 때문이다. 나를 포함한 나 이전의 수많은 영업인들이 경험했었고 지금도 그렇다. 그리고 앞으로도 수많은 영업인들이 겪어야 할 일이다. 인류의 역사와 함께 가장 오래된 직업이 바로 매매활동의 종사자가 아니던가?

'영업은 곧 사람과 사이의 만남이다.'

중요한 것은 사람이다. 무엇보다 사람이다. 그리고 우리는 모두 지금의 직업과는 상관없이 영업에 종사하는 사람이다.

'내가 상품을 파는 사람도 아닌데 왜 내가?'

이런 의문을 갖는 사람도 있을 것이다. 하지만 생각해 보자. 직장인은 회사에서 일을 해서 월급을 받고 있다. 즉 자신의 능력을 회사에 팔고 그 대가로 월급을 받는 것이다. 의사는 환자에게 처방을 판다. 변호사는 배심원에게 평결을 판다. 선생은 학생들이 수업시간에 주의를 기울일 만한 가치를 판다. 기업가는 자금을 대는 사람들에게 구애를 하고, 작가는 출판사에 감미로운 이야기를 하며, 스포츠에 있어서 감독의 경우는 경기에 임하는 선수들에게 승리를 부추긴다. 직업이 무엇이든, 우리는 동료에게 프레젠테이션을 하고, 새로운 고객에게 열심히 우리의 능력을 파는 것이다.

"만약 당신이 고객에게 직접 서비스하는 일을 하고 있지 않다면, 당신의 직무는 고객에게 서비스하는 그 누군가에 서비스를 하는 것이다."

이는 〈스칸디나비아 항공사〉에서 말하는 '업무의 정의'이다. 이처럼 누구나 다 자신의 능력으로 일을 해서 그 대가로 소득을 얻고 있는 것이다. 그 사람이 누구든지, 그리고 어느 곳에 있든지 이 원칙은 동일하게 적용된다. 일정한 장소에서 직접적으로 고객을 상대로 상품을 팔아서 돈을 받는 사람이거나, 아니면 고객을 직접 찾아다니면서 세일즈를 하는 사람이 하는 것만이 영업이 아니다. 자신의 삶을 영위하는 모든 방법이 곧 영업인 것이다.

그렇다면 영업이라는 것의 범위는 어디서부터가 시작이고 어디까지가 끝이라고 할 수 있을까? 정답은 '시작은 있으나 끝은 없다'이다. 영업은 사람과 사람 사이의 만남이라고 앞에서 언급했다. 내가 죽을 때까지 사람을 만나고 다닌다고 해도 지구상의 모든 사람을 다 만날 수 없듯이 영업에는 그 한계라는 것이 애초에 없다. 사람을 만나는 방법, 사람과 대화하는 방법, 상품에 대해서 일일이 설명하고 설득하는 방법 등 하나하나 열거하기에도 끝이 없다.

자기에게 주어진 삶의 목적, 그리고 그것을 해 나가는 의미를 가리켜 '달란트'라고 말한다. 이는 우리가 흔히 말하는 '탤런트'의 어원이기도 하다. 나는 내 일생에서 17년 동안 백화점에서 일했었다. 그러는 동안 최근까지 '나의 달란트는 무엇일까?'에 대한 고민이 계속되었었다. 그 생각은 늘 내 머리 속에 있었으며 단 한시도 떠난 적이 없었다. 처음에는 어깨너머로 선배들이 하는 말 하나하나, 행동 하나하나를 흉내 내면서 일을 시작했고, 회사에서 여러 가지 교육을 받고, 또 이와 관련된 많은 책들을 읽고자 노력했다. 그렇게 내 직업에 대해 고민하고 노력한 끝에 소중한 사실을 하나 깨우치게 되었다. '현재의 내 업무에 만족하고 여기서 최고가 되고자 노력하지 않는 한 어느 곳에 가도 지금과 똑같을 수밖에 없다.'라는 사실이다.

직업이라는 말을 영어 사전에서 찾아보면 여러 가지 단어가 나온다. 이 많은 단어들을 비슷한 유형으로 묶어보면 다음과 같다.

① Job(=Work, 도급, 삯, 일) / Occupation(직업)
② Profession(특정 종사자)
③ Career / Vocation(천직, 天職)

언뜻 보기에 다들 비슷해 보이지만 구체적인 뉘앙스는 전혀 다르다. 지금의 나는 ②번에 가깝지만 ③번을 지향해 가고 있는 중이라고 생각한다.

사람이 자신의 직업을 좋아하고 그 일에 최고가 되기 위해서 노력한다는 것이 얼마나 감동적일 수 있을까? 만일 지금의 상태가 그렇다면 내가 하고 있는 일을 '천직(天職, 하늘이 내려준 타고난 직업)'이라고 말할 수 있을 것이다.

그렇다. 이 책을 쓰고 있는 나 자신도, 그리고 이 글을 읽고 있는 당신도 완성형이 아니다. 지금 이 순간에 우리는 완성을 향해 끊임없이 노력하는 진행형인 것이다. 조각가가 처음 대리석 덩어리를 보았을 때 그 안에 숨겨진 예술 작품을 미리 머릿속으로 생각해 보듯이 우리도 그렇게 처음의 대리석에서 조금씩 다듬어 가고 있는 중이다. 서광원 작가의 『시작하라, 그들처럼』에는 바이올리니스트 장영주가 자신의 직업에 임하는 자세에 대한 이야기가 나온다.

"잠시 하다 관둘 거라면 하지 마세요. 제게는 음악이 인생입니다. 연습을 하루라도 걸러서는 안 됩니다. 음악 없이 못 산다는 생각을 해야 음악이 당신에게 어울리는 삶이 됩니다."

그렇다. 그렇다면 나에게 있어서 고객과의 만남을 음악에 비유할 수 있겠다. 내게는 매장이, 고객응대가, 서비스가 음악과 같은 것이다. 나는 지금도 그 느낌을 내 가슴 깊이 확실하게 느낄 수 있다.

"천직이라는 것은 '사후적으로 만나게 되는 일'이라고 할 수 있다. 걷고 있는 전방에 이미 있는 길이 아니라, 걸으면서 돌아봤을 때, '아, 이 길이 내가 걸어야 할 길이었구나.' 하고 사후적으로 확인하게 되는 것이다.

나는 그것이 진정한 천직이고 적성이라고 생각한다. 걷기 전에 발견하는 것이 아니라 걷고 있는 사이에 자연히 다가서는 것이다.

그래서 젊은이들이 일하기 전부터 자신에게 맞는 일이 없다고 고민하는 것은 의미가 없으며, 또 아무리 적성에 맞는 일을 찾아봐도 찾지 못하는 것이 당연하다고 생각한다."

일본 위생용품 유니참의 설립자 '다카하라 게이치로' 회장의 말이다.

이처럼 직업이라고 하는 것이 언뜻 보면 단순히 평생을 짊어지고 살아가야 하는 짐처럼 느껴지기도 하지만, 평생 어깨를 나란히 하고 함께 가야하는 동무이기도 한 것이다.

또한 19세기 영국의 정치가 윌리엄 글래드스톤은 이렇게 주장했다.

"자신에게 맞지 않는 일에 열정을 허비하지 않는 사람은 현명하다. 그러나 자신이 잘 할 수 있는 일을 찾아 그것에 최선을 다하는 사람은 더욱 현명하다."

매일 똑같은 일의 반복이라고 생각하면 지긋지긋하다는 느낌이 강하게 든다. 그렇지만 오늘 만날 수 있는 새로운 사람이 있다는 사실, 나를 진심으로 아껴주고 걱정해 주는 사람이 있다는 사실, 그리고 무엇보다도 내가 행복하게 해 줌으로써 나 자신이 행복해질 수 있는 고객이 있다는 사실을 알아야 한다.

어제와 같은 매장, 어제와 같은 사람들이 있는 매장이 아니라, 어제와는 다른 매장, 어제와는 다른 사람들이 기다리고 있다고 매일 아침 눈뜨는 순간 나는 생각한다. 그리고 어제와는 다른 무언가 좋은 일들이 나를 기다리고 있는 것을 믿는다. 그것이 나로 하여금 오늘도 매장에서 살아 숨쉴 수 있게 해주는 유일한 이유이자 목적이다.

나는 물건을 팔지 않는다. 나는 내 마음을 먼저 판다. 내 자신이 바로 내가 판매하는 브랜드이다. 나는 서비스를 파는 남자다.

나는 매일
'외계인'을 만난다

매장 근무를 하면서 결코 빠져나갈 수 없는 늪과 같은 존재. 한 번 빠지면 더욱 깊게 빠져들게 만드는 존재. 누구일까? 그것은 바로 일명 진상고객이다. 그리고 판매업에 종사하는 사람이 가장 싫어하는 순간이 바로 이 진상고객과의 문제를 해결해야 하는 순간이다. 서비스를 강조하는 매장 특성상 고객의 말을 무조건 들어주자니 손해 보는 금액이나 횟수도 많고, 그렇다고 안 해 주자니 지금 이 순간이 영겁의 시간만큼이나 길게만 느껴지는 것이다.

2012년 보건복지부의 국민건강통계에 따르면 우울증 경험비율이 남성 10%, 여성 16%로 나타난 반면, 전국서비스 연맹이 실시한 조사에서는 감정노동자들 중 무려 26%가 우울증을 겪고 있는 것으로 나타났다고 한다. 실제로 매장에서 보면 인격적인 모멸감을 느낄 정도로 심하게 말씀하시는 고객들을 볼 수 있다. 물론 직원이 잘못했을 경우도 있기에 무조건 그런 고객만 있다고 말하는 것은 아니지만 경우에 따라서는 심해도 너무 심한 경우도 있으니 말이다.

최근에 자주 입에 오르내리는 단어 중에 '감정노동'이란 말이 있다. 그리고 이와 같은 업무에 종사하는 사람을 가리켜 '감정노동자'라고 한다. 감정노동자라는 직업을 가진 이상 이 '진상고객'과의 혈투를 떼어 놓으려야 결코 떼어 놓을 수 없는 관계다. 그래서 우리는 이런 고객을 만날 때마다 마치 외계인을 만난 듯한 기분을 느끼곤 한다. 영화 속에서야 E. T.와 같은 친근한 외계인도 있겠지만 현실에서도 그럴까? 현실 속의 외계인은 죄다 에일리언이고 죄다 지구침략자 같기만 하다. 그렇다고 해서 모든 클레임 고객이 다 그렇다는 것은 결코 아니다. 오해해서는 안 된다. 수많은 고객 중에 클레임을 제기하는 고객. 그 중에서도 몇몇은 그토록 상대하기 힘들다는 표현이다. 고객과의 클레임 해결은 판매자 입장에서는 반드시 넘어야 할 산이고 건너야 할 강이다. 아무리 베테랑 직원일지라도 감정을 가진 사람인지라 백퍼센트 완벽할 수 없다.

나 역시 지금까지 십수 년 동안 클레임 고객이라면 별의 별 유형을 다 겪어 보았다고 말할 수 있다. 서당 개 삼 년이면 풍월을 읊듯이 매장 근무 십수 년이면 더 말할 게 무엇이겠는가? 신입사원 시절 바로 위 선배의 멱살을 잡고 금방이라도 폭력을 휘두를 것 같은 고객을 바로 옆에서 보고 며칠간 직업에 대해서 다시 생각해 봐야 하는 건 아닐까 심각하게 고민한 적도 있었고, A/S가 안 된다는 말에 화가 난 나머지 압력밥솥을 내 얼굴에 집어 던진 고객도 있었다. (다행히도 맞지는 않았고 순간적으로 간신히 피할 수 있었다. 하지만 그때 그 순간의 느낌은 아직도 내 기억 속에 선명하게 남아 있다.) 바람난 할아버지의 내연녀를 찾아달라고 울며불며 매달리던 할머니도 있었고, 아무 이유도 없고 단지 자신의 스트레스 해소를 위하여 상품을 구매했다가 환불했다가를 수십 일 동안 반복했던 고객도 있었다. 심지어 어떤 고객은 자신이 구입해서 한동안 신었던 구두가 불편하다고 말했는데 교환은 어렵다는 답변에, 화를 내면서 열 켤레에 가까운 자신의 구두를 매장에 가져와서 커다란 가위로 일일이 잘라 흩뿌렸던 고객도 있었다. (주머니에서 가위를 꺼내서 내 눈 앞에 보였을 때 솔직히 생명의 위협을 느꼈었다.) 이렇게 몇 명 언급만 해도 글을 읽는 사람 입장에서는 신기하기만 할 따름이지만 그 당시 상황을 생각하면 지금도 아찔하다.

매장에서 지내다 보면 이런 고객을 쉽게 만나게 된다. 어느 정도 주관적 판단이라고 한다면 거의 하루건너 한 명이라고 할까? 게다가 판매자도 사람인데 아무 감정 없이 마냥 웃는 얼굴로 일처리 하기가 쉽지 않다는 것을 나는 누구보다 잘 알고 있다.

매장의 상황을 한 번 재연해 보도록 하자. 방금 전까지 고객응대에 열중하던 직원 한 명이 갑자기 빠른 걸음으로 고개를 숙이고 옆으로 스쳐 지나간다. 표정만 봐도 상황을 알 것 같다. 어떻게 해서든 고객에게 사과말씀과 함께 클레임 처리를 끝낸 것 같다. 그녀의 슬픔, 분노, 괴로움의 모습이 축 처진 어깨 뒤로 보인다. 잠시 뒤에 매장 뒤편 후방에 가보니 눈가가 촉촉해져 있다. 일단, 위로의 말을 건네 본다.

"많이 힘드셨지요. 수고 많으셨습니다."

정작 말을 건네는 내 자신의 마음이 우선 편하지가 않은데 위로의 말을 건넬 자격이 있을까? 그러면서 또다시 더 나은 방법은 없는지 고민해 본다.

고객이 클레임을 제기했을 때는 우선적으로 내 마음가짐을 살펴보아야 한다. 고객은 자신이 겪은 상황에 화가 난 것이지 그 말을 듣고 있는 나 개인에 대해서 화를 내는 것은 결코 아니라는 것을 반드시 인식해야 한다는 것이다. 반대로 그런 고객을 대하는 내 마음도 마찬가지다. 껄끄러운 고객을 대하면서 고객에게 원망하는 마음 한 번 안 품었던 사람이 어디 있을까?

'와, 진짜 너무 하는 거 아냐?'

'마치 이 상황에서 한 몫 단단히 챙기겠다는 거 같은데?'

그러면서도 한편으로는 이런 생각도 들기도 한다.

'내가 저 입장이라면 나도 그럴지 몰라.'

'오죽하면 저럴까? 어서 해결해 드렸으면 좋겠다.'

하지만 잘 생각해 보자. 화를 내고 불만을 말하는 고객은 그만큼 관심을 가지고 있는 것이고 기대를 하고 있다는 뜻 아닐까? 고객이 나에게 기대하는 바가 크기 때문에 그 바람이 충족되지 못했을 때 그만큼 더 크게 섭섭해 하는 것이다. 조금도 기대하는 게 없다면 결코 섭섭할 일도 없다. 기대가 큰 만큼 실망도 큰 법이다.

마케팅 용어 중에 '존 구드만의 법칙'이 있는데 또 다른 말로는 '10:65의 법칙'이라고도 한다. 고객이 평소에 이용하여 아무런 문제를 느끼지 못하는 상황에서는 일반적으로 10% 정도의 재방문율을 보이지만 불만 사항을 말하러 온 고객에게 진지하게 응대했을 경우에는 그 중 무려 65%가 다시 이용한다는 것이다.

마찬가지로 『불평하는 고객이 좋은 기업을 만든다』라는 책을 보면 이런 글귀가 있다.

'고객의 불평은 선물이다. 그리고 불평이란 어떤 상태가 기대를 충족시키지 못할 때 불만을 토로하는 행위이다. 보다 중요한 의미로는 회사가 서비스나 제품의 문제점을 해결하여 불만을 품은 고객을 만족시키

도록 기회를 한 번 주는 행위로 볼 수 있다. 그래서 불평을 고객이 회사에 주는 선물이라 보는 것이다.'

비록 지금 당장은 완벽하게 응대할 수는 없지만 클레임 고객에 대한 나의 생각을 바꾸면 방금 전까지 그토록 무섭고 원망스러운 감정도 고마움으로 변할 수 있는 것이다. 결국 모든 것은 내가 어떻게 생각하고 받아들일 것인가에 달려 있는 것이다.

김상운 작가는 『마음을 비우면 얻어지는 것들』에서 이런 상황을 다음과 같이 표현했다.

'남이 내게 던지는 독을 받을 것인가, 말 것인가?'

그건 전적으로 나의 선택이다. 왜냐하면 남이 내 머릿속에 뛰어들어 독을 집어넣을 수는 없기 때문이다. 만일 엉겁결에 남의 독이 이미 내 머릿속에 들어와 버렸다면 얼른 이렇게 되뇌어라.

'독아, 나한테 날아왔니? 내 머리는 활짝 열려 있으니 우주로 되돌아가렴.'

이렇게 되뇌면 날아왔던 독이 우주로 되돌아간다.

백화점 생활 초창기에 가전제품 코너를 담당하고 있을 때였다. 김장철에 김치냉장고를 구매하신 고객인데 김치냉장고 이상으로 김장김치를 다 못쓰게 되었다고 클레임을 제기하셨다. 클레임을 접수 받자마자 일단 상황이 심각해지기 전에 A/S 기사와 함께 고객댁을 방문해 보았다. 실제로 냉장고 자체는 이상이 없는 걸로 판명되었지만 고객님은 계속해서 기계 이상이라는 말과 함께 당분간 매주 방문해 줄 것을 요청하셨다. '매주 방문이라……' 그렇게 해서 나와 A/S기사의 매주 주말

서비스를 파는 남자

방문이 시작되었다. 처음 몇 번 방문할 때까지는 입에 담기도 어려울 정도로 화를 내시면서 계속 교환해 줄 것을 요청하셨다. 그렇게 약 십여 차례, 거의 두 달째를 방문하고 나니 고객의 화도 누그러졌고 제품의 상태에서도 어느 정도 인정하는 분위기로 바뀌었다. 다음 주에 방문할 것을 약속드리고 인사를 드렸을 때였다.

"다음 주부터는 안 오셔도 됩니다."

순간 나는 내 귀를 의심했다. '오지 않아도 된다고?'

"두어 달 함께 살펴보니 이제야 조금 마음이 놓이네요. 물론 가전제품이라는 게 계속해서 봐야하겠지만 말입니다. 솔직히 내가 여간 깐깐한 사람이 아니라고 생각하겠지요? 맞습니다. 나는 깐깐한 사람이에요. 나는 그랬기 때문에 지금껏 이렇게 살아올 수 있었다고 생각하거든요. 하지만, 명심하세요. 내가 깐깐한 고객이면 당신은 나보다 더 깐깐한 직원이 되면 되는 것 아닌가요?"

지금도 나는 고객으로부터 클레임을 듣게 되면 이때를 생각하곤 한다.

'깐깐한 고객보다 더 깐깐한 사람이 되자.'라고 말이다.

"어떤 일이 발생하느냐보다는 그 일에 어떻게 반응하느냐가 더 중요하다."

긍정 심리학의 창시자 노먼 빈센트 필 박사가 남긴 말이다. 결국 중요한 것은 고객의 말이 아니라 그것을 받아들이는 나의 생각이다. 심리학 용어 중에 '회복탄력성(Psychological Resilience)'이라는 단어가 있는데 이는 가장 밑바닥까지 떨어져도 꿋꿋하게 되튀어 오르는 능력을 말한다. 사물도 탄성이 다르듯이 사람도 이처럼 심리적인 탄성이 제각각이라는 뜻이다. 고무공이나 용수철은 절대로 혼자서 튀지 않는다. 자극을 받은 만큼, 힘이 주어진 만큼 탄력성을 갖는다. 중요한 것은 '얼마나 아래까지 내려갔는가?'가 아니라, '얼마나 빠른 속도로 다시 높이 튀어 오를 수 있는가?'에 달려 있다. 즉, '누가 더 얼마나 심각한 역경을 겪었는가?'라는 정도의 차이가 아니라 '그 역경을 어떻게 극복하였는가?'라는 방법의 차이에 있다.

때때로 가장 안 좋은 상황에 고객 앞에 나서게 되는 경우가 생긴다. 어찌 되었건 일이 해결되고 나서는 진심을 담아서 이렇게 말할 수 있어야 한다.

"많고 많은 사람들 중에 이런 안 좋은 일로 고객님을 만나게 되었습니다. 어찌되었건 저희로 인해서 불편을 끼쳐 드려서 대단히 죄송합니다. 이것도 인연이라면 인연인데, 너그러이 용서해 주십시오. 그리고 다음 번 방문하시게 되면 꼭 저를 찾아 주시길 부탁드립니다. 진심으로 고맙습니다."

이렇게 되고 나면 대부분 안 좋았던 마음을 풀고서 되돌아가신다. 그리고 다음 번 매장에서 마주치게 되었을 때는 오히려 밝은 웃음으로 서로 만날 수 있게 되는 것이다.

고객이 깐깐하다고 원망하지 말고, 오히려 당신이 더 깐깐한 판매자가 될 생각을 하라. 고객보다 더 깐깐한 판매자. 진심으로 고객이 반할 수밖에 없다.

서비스를 파는 남자

매일 절을 합니다.
친절을 합니다

판매를 업으로 삼고 살아가는 사람들에게 매일 귀가 따갑도록 듣는 말이 있다. 그 중에 가장 많이 듣는 말은 바로 "친절해야 한다."이다. 유치원에 다니는 아이들에게 친절이 무엇이냐고 물어보면 '먹고 싶은 것을 참고 친구에게 양보하는 것'이라든가, '부모님이 좋아하는 행동을 하는 것'이라든가 생생한 마음이 담겨있는 답변을 해낸다. 하지만 어른들에게 "친절이 무엇입니까?"라고 물어보면 머릿속에 그 의미는 대략 맴돌고 있지만 선뜻 그 명확한 뜻은 입 밖으로 나오지 않는다. 그 이유는 무엇일까? 그것은 어렸을 적 교과서에서 봐왔던 단어를 막상 실생활에서 표현하자니 쉽게 나오지 않는 것이다.

사람을 만나고 헤어질 때 가장 친절한 사람은 어떤 사람일까? 그것은 바로 '인사를 잘 하는 사람'이다. 인사 하나만 잘 해도 그 사람은 인간관계에서 상당한 인정을 받을 수 있는 것이다. 마찬가지로 고객을 대하는 판매업종에 있어서 인사는 이루 표현할 수 없을 정도로 중요하다. 고객맞이의 시작이 인사고, 고객이 매장을 떠나는 순간도 반드시 빼놓을 수 없는 것이 인사이기 때문이다.

그렇다면 인사는 어떻게 하는 것이 좋을까? 단순히 횟수라든가 인사하는 각도라든가 상대방을 바라보는 눈높이 등 여기서는 방법적이라든가 기술적인 측면을 말하고자 하는 것이 아니다. 내가 말하고자 하는 것은 상대방을 대하는 마음가짐, 즉 태도에 대해서 말하고 싶은 것이다. 얼마나 진심을 담아서 인사를 하는 것인가? 상대방은 내 태도에 대해서 진심으로 받아들이는 것인가를 말이다.

십 년 전에 시장조사 차원으로 회사동료들과 일본으로 여행을 떠났을 때의 일이다. 센다이 지역에 유명한 '료칸(旅館)'에 묵었다. 일본이야 모든 국민이 친절하기로 유명하기에 당연히 그에 대한 나의 기대치 또한 높았다. 처음 방문하는 순간부터 안내, 식당에서의 서비스 등 순간순간 치열하다고 할 만큼 '프로정신'이 느껴졌지만 그 정점은 바로 떠날 때였다.

입구를 나와서 차에 올라타는 순간까지 많은 직원들이 나와서 손을 흔들어 주는 것이 아닌가? 마치 멀리 떠나는 식구들 배웅 나온 것처럼 말이다. 왠지 조금 쑥스럽기도 하고 고맙기도 한 기분이 들었다. 그리고 그렇게 버스에 올라탔다. 한참을 지나 료칸도 저 멀리 보일 때였는데 그때까지도 그 자리에 서서 손을 흔들어 주고 있는 것이었다. 너무도 놀라서 가이드에게 물어보았다. '인사는 이곳에서 가장 기본적인 것입니다. 굳이 서비스라고 말할 수 없습니다.' 나는 그때 그 모습을 지금까지도 결코 잊을 수가 없다. (아쉽게도 그 료칸의 이름이 생각나지 않는다.)

이처럼 인사란 누구나 쉽게 생각할 수 있는 간단한 것이지만 그 간단한 인사에 담겨진 의미는 경우에 따라 이렇게 커다란 이미지로 남는 것이다.

일본 택시업계의 최고는 누가 뭐래도 MK택시다. MK택시 기사들의 친절도는 일본을 넘어 세계최고 수준이라고 한다. 가장 먼저 보이는 모습은 무엇일까? 바로 고객을 만나는 순간에서부터 떠나는 순간까지의 인사하는 태도다. MK택시는 다음과 같이 총 네 번의 인사를 한다.

"MK입니다. 고맙습니다."
"목적지는 OO까지시네요."
"오늘은 OO가 모시겠습니다."
"고맙습니다. 잊은 물건은 없으십니까?"

아무리 처음 입사한 신입사원이든 수십 년을 근무한 베테랑 직원이든 이 네 가지 인사는 절대로 변하지 않는다고 한다. 그만큼 누구보다도 인사의 중요성을 잘 알고 또 그만큼 완벽하게 실천하고 있는 것이다. 네 번의 인사를 함으로써 가장 기본적인 나 자신의 마음가짐이 흐트러지지 않도록 다잡는 것이다.

이처럼 인사라는 것은 단순히 내가 한다고 해서 끝나는 것이 아니다. 인사는 받는 사람에게 그 에너지가 전해져야만 비로소 효과가 있는 것이다.

매장의 경우를 살펴보도록 하자.

"어쩐지 바쁜 척 하느라고 인사도 잘 안 하더니만 내 이럴 줄 알았어. 비싼 거 살 때만 콧소리로 고객님~, 고객님~ 하다가, 어쩌다 싼 것 사서 반품하러 왔더니 인사도 안 하잖아? 사람 무시하는 거지?"

"어머. 고객님 오해하신 거예요. 제가 조금 전에는 통화 중이어서 고객님을 몰라봤습니다. 제 나름은 인사를 한다고 했는데……. 죄송합니다. 고객님."

"뭐야. 이미 기분은 다 상했는데, 이제 와서 죄송하다고 말하면 다 되는 거야?"

매장에서 직원이 고객으로부터 좋지 않은 말을 들을 때면 자주 나오는 상황이다. 이처럼 인사는 해도 되고 안 해도 되는 사소한 것이 결코 아니다. 인사는 99번을 잘해도 단 한 번을 못하면 잘 못하는 것이다. 인사는 백 번이 아니라 천 번, 만 번을 해도 결코 과하지 않은 것이 인사다. 우리가 잘 알고 있는 톨스토이 또한 인사에 대해서 다음과 같은 명언을 남겼다.

"어떠한 경우라도 인사하는 것이 부족하기보다는 지나칠 정도로 하는 편이 좋다."

그렇다. 인사는 전염병만큼이나 무서운 전염성을 갖고 있다. 사람의 감정은 바로 옆에 사람이 어떤 느낌을 갖고 있느냐에 따라서 영향을 받는데 인사도 그만큼 강한 영향력을 갖고 있다. 실제로 매장에서 보더라도 그렇다. 얼굴이 잘생기고 못생기고를 떠나서, 예쁜 사람이든 평범한 얼굴의 사람이든 간에 최고의 순간은 웃는 얼굴로 인사하는 순간이다. 내가 기분이 좋지 않을 때에 웃는 얼굴로 인사를 하는 사람을 보고 내 기분이 나아지는 것을 느끼게 된다. 반대로 내가 기분이 좋을 때에 웃는 얼굴로 인사를 하는 사람을 보면 더욱 기분이 좋아지게 마련이다. 이처럼 인사 한 번이 곧 상대방의 기분을 좌우하게 되는 것이다.

전옥표 작가의 『빅픽처를 그려라』를 보면 인사와 관련된 다음과 같은 일화가 담겨 있다.

신입사원 때 부하직원의 입장에서 출근해서 상사에게 인사를 했음에도 불구하고 마침 상사가 전화 통화 중이라서 그를 보지 못한 것이다. 이런 경우에는 과연 그 직원은 인사를 한 것인가?

"상대가 보지 않았다면 자네는 인사한 게 아니네."

결론은 '인사를 하지 않았다'이다. 왜 그럴까? 그것은 바로 인사는 '나'를 위한 것이 아니라 '상대방'을 위한 것이기 때문이다. 결국, 내가 아무리 인사를 잘하는 사람이고 나 스스로 생각하기에 빠짐없이 인사한다고 하더라도 상대방의 입장에서 인식하지 못한 인사는 인사가 아닌 것이다. 인사는 내가 나 자신의 감정충족을 위해서 하는 것이 결코 아니다. 상대방에 대한 예의, 배려 차원에서 하는 행동인 것이다.

인사가 상대방에 대한 나의 마음가짐을 담은 태도라고 한다면 마찬가지로 결코 빼놓을 수 없는 것이 바로 얼굴 표정이다. 아무리 올바른 태도로 상대방에 대한 예의를 갖춰 인사를 하더라도 결국 보여지는 것은 얼굴이기 때문이다. 그렇다. 인사의 마지막 화룡점정은 바로 얼굴 표정인 것이다.

내가 알고 있는 직원 중에 평소 얼굴이 상당히 무서운 K라는 직원이 있었다. 한마디로 한 때 폭력조직에 몸담았을 것 같은 인상이었다. 본인도 자신의 모습을 잘 알고 있었기에 어떻게 해서든지 고쳐보고자 그토록 애썼었다. 처음에는 고객도 K만 보면 슬금슬금 도망치듯 하기도 했고, 어린아이의 경우라고 하면 일단 울고 보기도 했었다. '지성이면 감천이다'라는 말이 실제로 있듯이 얼마나 노력을 했는지 그 얼굴에도 하회탈 같은 미소 짓는 모습으로 점점 변해가는 것이었다. 나중에는 약간은 우습게도 비쳐질 수도 있겠지만 결국 K의 얼굴은 고객이 쉽게 다가갈 수 있는 인상으로 바뀌었다. 실제로 개인의 인상도 노력 여하에 따라 바뀔 수도 있는 것이다. 평소의 내 얼굴표정이 어떤지 나 자신은 결코 알지 못한다. 의외로 평소에 아무 이유 없이 인상을 쓰고 있는 사람도 많다.

이러한 버릇을 자기 스스로 고치기는 결코 쉽지가 않다. 하지만 여기 간단하지만 요긴한 두 가지 방법이 있다.

첫 번째, 수시로 거울을 들여다보자. 내 스스로 인상을 쓰고 있다고 생각되는 순간 즉시 거울을 들여다보고 표정을 밝게 하자. 거울을 들여다보고자 생각한다는 것은 그만큼 자기 자신의 표정에 대해서 평소에도 인식을 하고 있다는 뜻이다. 그리고 거울을 보는 순간 자기도 모르게 밝은 표정으로 바뀌게 되는 모습을 보게 될 것이다. 습관적으로 자주 거울을 들여다보는 사람치고 인상을 찌푸리는 사람은 없다.

두 번째, 주위 사람들에게 부탁하자. '나도 모르게 인상을 찌푸리는 버릇이 있습니다. 그럴 때면 꼭 내게 알려 주세요. 그 순간 바꾸도록 하겠습니다. 고맙습니다.'하고 말이다. 처음 몇 번 주위 사람으로부터 지적이라도 받는 순간에는 얼굴이 화끈거리다 못해 '아, 괜히 시작

서비스를 파는 남자

한 건 아닌가.' 하는 생각이 든다. 그만큼 창피하기 때문이다. 하지만 그런 자극을 받는다고 생각하면 할수록 밝은 표정으로 바꾸는 습관은 금세 자리매김할 수 있을 것이다.

실제로 백화점의 경우 직원들만 이용하는 후방시설이 있는데 매장으로 향하는 문 옆에 대부분 거울이 달려 있다. 그리고 그 앞에는 이런 말이 적혀 있다.

'이 문을 나서면 고객이 있습니다.'

그리고 그 옆에 있는 거울을 보고 옷매무새부터 얼굴 표정 등 습관적으로 자세를 가다듬고 매장에 나서게 되는 것이다.

캘리포니아대학교 심리학과 명예교수인 앨버트 메라비언이 창시한 '메라비언의 법칙'이 있다. 이는 사람의 인상을 결정하는 데 있어서 눈으로 받아들이는 정보가 55퍼센트, 귀로 받아들이는 정보가 38퍼센트, 그리고 말의 내용이 7퍼센트의 비율로 영향을 미친다고 하는 것이다. 즉, 청산유수와 같이 말을 잘하는 직원보다도 첫 이미지가 좋은 직원이 더 영향력이 크다는 것을 뜻한다.

내 자신을 거울에 비춰 보았을 때 과연 내가 지금 당장 고객을 만날 준비가 되어있는지 철저하게 확인해 보아야만 하는 것이다.

고객에게 인사를 한다는 것은 그 순간에 이미 고객을 맞이할 준비가 다 되어 있다는 일종의 표시를 나타내는 것이다. 매장의 청결상태, 상품의 준비 등 어떤 고객이 언제 들어오더라도 완벽하게 맞이할 수 있다는 뜻이다. 만약 어느 한 곳이라도 준비가 덜 되어 있다면 심리적으로도 스스로 불안하기 때문에 인사조차도 제대로 할 수가 없다.

인사는 고객맞이 준비를 끝낸 마음 상태, 고개를 숙이는 행동, 진심에서 우러나오는 인사말로 구성된다. 이 세 가지 요소가 없으면 인사가 아니다. 이 세 가지가 완벽하게 조화를 이룰 때 비로소 진정한 인사인 것이다.

처음으로 고객을 보았을 때 눈이 마주치는 그 순간에 반가운 맞이인사를 해야 한다.

"안녕하세요. 고객님. 어서 오십시오."

그리고 고객이 내 매장을 떠나는 순간에는 다음에 다시 볼 수 있기를 간절히 바라는 마음으로 배웅인사를 해야 한다.

"감사합니다. 고객님. 다음에 꼭 다시 방문해 주십시오."

나는 오늘도 이렇게 눈에 보이든 보이지 않든 즐거운 마음으로 끊임없이 절을 한다. 그리고 '오늘도 가장 친절한 사람이 되겠다!'라고 스스로 다짐한다.

서비스를 파는 남자

판매의 재능은
절대 타고나는 것이 아니다

단 한 번도 다른 사람에게 상품을 판매를 해 본 적이 없는 사람일 경우, 처음 판매를 했을 때 성공확률은 몇 퍼센트라고 말할 수 있을까? 사람은 누구든지 자기 자신에 대해서는 어느 정도 관대화(寬大化)하는 경향이 있기 때문에 '그래도 대략 20퍼센트 정도는 성공하지 않을까?' 하는 막연한 기대를 하게 된다. 하지만 이 말은 경험적으로 보았을 때 완전히 틀린 말이다. 그 사람이 처음 매장에 근무하게 되는 날이고 판매 스킬과 관련된 어떠한 교육도 전혀 받지 못했다면 성공 확률은 대략 5% 남짓에 불과하다. 만약 판매에 성공했다면 그 경우의 수는 다음 셋 중의 하나다. 아예 설명이 필요 없는 상품이거나, 그전부터 고객이 수도 없이 매장을 방문하면서 전 직원에게 꾸준히 상담을 받아왔거나, 아니면 정말로 운이 좋았던 경우다. 커트 W. 모텐슨이 쓴『위대한 잠재력』에 보면 이런 말이 있다.

"판매 분야에서는 가장 노련한 전문가들조차도 거래 성사율이 20%에 달하면 매우 성공적인 것으로 간주한다. 문제는 과연 두 번의 성공을 위해 열 번의 시도를 할 만큼 끈질기냐는 것이다."

그렇다면 판매에 관한 스킬은 어떤 교육이 얼마나 필요한 것일까? 우리가 막연하게 생각하는 것과 같이 그냥 단순하게 밝은 표정을 지으면서 큰 소리로 인사하고 나면 당연히 사줄 것이라는 생각만 가지고 있다면 가능할까? 천만의 말씀이다. 절대로 불가능하다. 이는 자기 스스로 모세의 기적을 떠 올리며, 횡단보도 한 가운데 서서 소리를 지르며 자기 곁을 좌우로 지나는 고객을 보면서 혼자 회심의 미소를 짓는 정신병자와 같은 생각이다.

여기 외모도 일반인과는 판이하게 다른 왜소한 체격의 남자가 있다. 자세히 살펴보니 단순히 왜소한 것이 아니다. 오른손은 굽어서 제대로 펴지도 못하고, 등이 굽은 상태로 힘들게 걷는다. 게다가 말하는 것 또한 쉽게 알아듣지 못할 정도다. 그렇다. 그는 뇌성마비였다. 그런 그가 하루에 8시간 이상씩 빠짐없이 집집마다 방문하면서 세일즈를 해왔다. 그렇게 무려 24년을 다녔고 마침내 그가 소속된 회사에서 올해의 판매왕에 오르게 된다. 그의 이름은 '빌 포터'. 뇌성마비를 딛고 일어선 최고의 세일즈맨이다. 몸이 불편한 것은 단지 그가 겪고 있는 상황일 뿐, 자기 자신은 전혀 불편하게 생각하지 않는다.

"매일 15킬로미터를 걸었습니다. 쓸 수 없는 오른 손은 뒤로 감추고 무거운 가방은 왼손에 든 채 24년 동안 수백만 가구의 문을 두드렸습

서비스를 파는 남자

니다. 그러다 보니 판매왕이 되었고 나를 알아보는 사람들도 생겼습니다. 하지만 나는 평범한 사람입니다. (중략) 빗속을 뚫고 걸어가야 할 때도 있고 숨이 턱턱 차오르는 오르막길을 올라야만 할 때도 있었습니다. 물론 가끔은 힘들지요. 그건 삶이 그냥 그런 겁니다. 우리 삶이 그런 겁니다. 아무것도 아닙니다. 그냥 계속 이렇게 가면 됩니다. 두려워하지 마세요. 당신 자신을 믿으세요."

『도어 투 도어』 중에서

'아, 이런 사람도 하는데 나라고 못할 것은 무엇인가?' 하는 생각에 저절로 고개가 숙여지지 않는가? 마찬가지로 나 자신을 믿고 자신 있게 도전해 볼 줄 알아야 한다.

예전에 함께 일했던 '나○○' 직원을 소개하고자 한다. 당시 그녀는 백화점 근무경험이 전혀 없는, 말 그대로 '초짜'였다. 이력서를 보니 결혼 전에는 일반 어느 회사에서 사무업무만 했고, 출산을 계기로 경력이 단절된 케이스였다. 보통 백화점이라는 곳은 근무경험이 없는 사람이 하기에는 육체적으로나 정신적으로나 쉽지 않은 곳이기 때문에 걱정이 앞섰다. 근무한 지 며칠 되지 않아서 못 나오고 그만두는 사람도 많은 이유이기도 하다. 나는 일말의 불안감을 가지고 조심스럽게 물었다.

"백화점 근무 경력이 전혀 없으신데, 힘드시지 않을까요? 근무하실 곳에 대해서는 사전에 좀 들으셨는지요?"

"저……. 죄송하지만 일단 해보고 싶습니다. 그리고 며칠 일하고 힘들다고 그만두는 일은 없을 겁니다. 단순히 자신 있다고 말하고 싶은 건 아닙니다. 하지만 저는 잘 할 수 있다고 생각합니다."

약간은 당돌하지만 굳은 의지와 결심이 표정에서부터 보였고, 그 자신감은 대단했다. 아니나 다를까 근무 경력이 전혀 없다는 것이 무색하다 싶을 정도로 이 직원은 열정적으로 모든 일을 해 냈다. 방문 고객께는 항상 환한 미소와 함께 인사를 하였고, 고객 또한 이 직원과의 대화를 매우 즐거워하는 것이었다. 그것도 아침부터 저녁까지 표정하나 변하지 않으니 대단하다는 생각이 들었다. 그렇게 며칠이 지난 후에 호기심에 물어보았다.

"백화점 업무가 보기보다 체력적으로나 여러 모로 많이 힘들지 않으세요?"

"예, 물론 당연히 힘들지요. 세상에 안 힘든 일이 어디 있겠어요. 하지만 사람들을 만나는 순간순간이 좋습니다. 어떻게 하루가 가는지 모를 지경이에요."

그렇게 지낸 지 두어 달 만에 수 년 동안 일했던 베테랑 직원의 수준과 비슷해지는 것이었다. 그러고 나서 일 년이 되자 여기저기서 매니저로 일하자는 제안이 들어왔다고 했다. 짧은 기간에 폭풍처럼 성장한 모습도 대단했지만 무엇보다도 고객을 대하는 모습에 있어서 처음부터 끝까지 변함없는, 초지일관의 자세가 훌륭했다. 한 사람의 의지의 힘은 그 끝이 어디일까? '과연 나라면 할 수 있었을까?'라는 의문과 함께 '나 스스로 좋아서 하는 일에 대한 보람'이 무엇인지를 알게 되었다.

영업은 누구나 할 수 있다. 하지만, 진정한 영업인의 자세는 아무나 가질 수 없다. 그것은 자기 스스로 물속에 뛰어들 준비가 되어 있는

다이빙 선수의 모습과 같다. 능력과는 상관없이 스스로 비장함이 서려 있어야 한다. 무조건 성공하고 말 것이라는 비장함 말이다.

성공의 필수 요건이 능력은 아니라고는 하지만 그렇다고 해서 반드시 성공하겠다는 신념이 없어서는 안 되는 것과 같다. 재능도 능력도 아니지만 그래도 기본적으로 필요한 요소는 분명히 존재한다. 그것은 자존심이자 자신감이다.

여기서 말하는 자존심은 우리가 흔히 말하는 자존심과는 다르다. 일반적으로 사람 심리가 판매하는 사람들에 대해서는 한층 아래로 내려다보는 경향이 있다. 이런 시선을 건디는 것을 자존심이라 말하는 것이 아니다. 오히려 자존심은 말 그대로 자기 자신을 존경하는 마음, 그리고 자기에 대한 믿음을 뜻한다. 무슨 일이 일어나더라도 내가 이곳에서 길을 찾기로 마음먹은 이상, 어떤 방해가 있더라도 꾸준히 앞을 보고 나갈 수 있다는 자기 자신에 대한 믿음이다.

『서른 번 직업을 바꿔야 했던 남자』라는 책이 있다. 이 책에서는 정철상 작가의 눈물어린 직업 도전기가 나온다. 봉제 공장 재단 보조원, 우편물 분류, 전단지 배포, 개인 교사, 다단계 판매사원, 기술 분야 엔지니어, 헤드헌터, 전문 경영인, 강사, 그리고 대학교수. 대략 서른 번이라고 한다. 그는 직업을 바꾼 횟수보다는 각각의 직업을 겪으면서 느꼈던 소중함에 대해서 말하고 있다.

"아무리 사소한 일이라도 경시해서는 안 될 일이다. 자신이 하는 일을 시시하다고 경시하다 보면 스스로 시시한 사람이 될 수도 있다. 사소한 일을 하고 있다는 것이 문제가 아니라, 사소한 사람이 되지 않기 위해 어떤 자세로 삶에 임해야 하는지 모르고 있다는 점이 문제다. 그런 의미에서 아무리 사소한 경험이라도 나의 경력에 도움이 된다는 자세로 일에 임할 필요가 있다. 세상에 어떤 경력도 쓸모없는 경험이란 없다. 결국은 그 일을 대하는 한 개인의 태도가 더 중요하지 않을까?"

이처럼 하나의 직업을 떠나서 내가 오늘 보낸 하루 속에서도 되돌아보면 반드시 기억해야 할 값진 경험은 얼마든지 있다. 단지 그것을 우리가 인지하고 반성하고 기억해 내느냐 아니냐의 차이다. 진정으로 내가 하고 싶은 일이라면 머리로 생각해선 안 된다. 머리는 계산을 하기 때문이다. 진정으로 내가 하고 싶은 일이라면 본능적으로 가슴이 시키는 대로 따라야 한다. 가슴이 쿵쾅쿵쾅 흥분되며 손에 땀을 쥐게 만드는 기분, 그것이 진정으로 가슴이 시키는 일이다. 가슴이 시키는 일은 즉각적으로 온 몸에 반응이 온다. 그것은 스스로 흥분하고 있다는 증거이며, 내 몸이 내 마음을 따르고 있다는 뜻이다. 내가 하고 싶은 일, 정말로 내 마음에서 하고 싶다고 외치는 일, 태어나서 지금까지의 삶이 어떠했는지는 결코 중요한 것이 아니다. 앞으로의 삶은 언제든지 바뀔 수 있기 때문이다. 다만 지금 이 순간에 내가 무슨 생각을 가지고 이 일을 하고 있는지에 달려 있을 뿐이다.

태어나서부터 판매에 재능을 가지고 있는 사람은 한 명도 없다. 오직 철저한 마인드 관리와 꼭 해내고야 만다는 집념, 불타오르는 열정과 끊임없는 도전이 있을 뿐이다. 불굴의 의지를 가지고 노력하는 것만이 내 앞날의 변화를 가져올 수 있을 뿐이다.

"남자에게 정말 좋은데"라는 TV 광고로 유명한 천호식품의 김영식 회장은 그의 저서 『10미터만 더 뛰어봐』에서 이렇게 말하고 있다.

"100미터를 뛰는 사람에게 200미터를 더 뛰라고 하면 누구라도 포기할 것이다. 그러나 10미터만 더 뛰라고 하면, 그건 얼마든지 뛸 수 있지 않겠는가. 차이는 바로 이거다. 어제 뛰던 대로 100미터만 뛰는 것과 10미터를 더 뛰는 것의 차이. 바로 이것이 인생의 성패를 가른다."

딱 한번만 더, 딱 이 순간만 더. 마음은 그것을 알고 있지만 지금까지의 습관, 버릇은 그 딱 한 번을 인정하지 못하고 거기서 멈추라고 말한다. 그 순간만 지나면 될 것 같은데 그것이 그토록 힘든 것이다.

일본 유니참의 창업자인 '다카하라 게이치로' 회장은 그의 저서 『현장이 답이다』에서 자신이 하고 있는 직업에 임하는 자세에 대해서 이렇게 말했다.

"성장하는 사람은 계단 전체를 한 번에 뛰어넘는 사람이 아니라, 한 계단 한 계단씩 차례대로 밟아 올라가는 사람이다. 계단을 열심히 올라갔는데 그 길이 틀린 길이라는 것을 알았을 때, 괜히 올라왔다거나 시간 낭비를 했다고 생각하지 않고 올라왔던 계단을 다시 내려가 처음부터 시작하는 것을 주저하지 않는 사람이야말로 성장할 수 있는 사람이다."

이는 나이, 성별, 직업 등 어느 누구에게나 동일하게 적용된다. 결국 서두르지 않고 포기하지 않고 꾸준히 한 걸음씩 나아가는 사람만 고객을 대함에 있어 진실된 마음을 느낄 수 있는 것이다.

중요한 것은 서비스에도 분명히 임계점이 있다는 것이다. 물이 99

도에 이르기까지는 절대로 끓는 법이 없다. 단 1도가 부족한데도 말이다. 물은 100도를 넘는 순간부터 거침없이 끓어오르게 되어 있다. 당신은 오늘도 생각할 것이다. '매출은 항상 제자리고, 그나마 최근에 매장에 오는 고객은 반품이나 환불 고객이 점점 늘고 있다. 아무리 노력하는 것 같아도 다람쥐 쳇바퀴 같은데 얼마나 계속해야 할 것인가?'라고 말이다. 하지만 열정과 노력이라는 불을 꺼뜨리지 않는 한 물은 반드시 끓게 되어 있다. 그 임계점에 이르게 되면 이제는 그간의 노력을 보상이라도 하듯이 고객이 당신을 찾아오게 된다.

한 번 속도를 내기 시작한 자전거는 지금까지 해왔던 것처럼 힘껏 페달을 밟지 않아도 앞으로 나가는 법이다.

나의 그날은 반드시 온다. 그 순간이 바로 내일일 수도 있다.
오늘 한 번 더 서비스라는 페달을 힘껏 밟아보도록 하자.

서비스를 파는 남자

거절하는 고객이
고마운 고객이다

직접 고객을 상대하고 판매를 하고 있는 영업인이라면 누구든지 고객을 만나면 반드시 판매를 해야 한다는 강박관념을 어느 정도 가지고 있다. 하지만 그 전에 반드시 먼저 스스로 되짚어 보아야 할 것이 있다. '왜 반드시 100퍼센트 판매에 성공을 해야만 한다고 생각하는가?'라고 하는 자기 자신에 대한 질문이다.

고객의 입장에서 방문목적을 생각해 보면 간단하다. 고객은 오로지 상품을 구매하기 위해 방문하는 것은 아니다. 때로는 단순히 기분전환을 위해서, 말 그대로 윈도우 쇼핑을 하러 왔을 수도 있다. 만약 판매하는 사람과 어느 정도 친분이 있다면 집안 얘기라든가 개인적인 고민거리 등을 나누고 싶어서 왔을 수도 있다. 어떻게 보면 우리가 생각하는 방문목적과는 전혀 다를 수도 있다는 말이다.

그렇다면, 사지도 않을 것이 분명한 고객이 왔다면 판매자의 입장에서는 어떤 생각이 들까? 당연히 달갑지 않게 여길 수도 있고, 바쁜 일을 하는 도중에는 짜증이 날 수도 있다. 하지만 그 순간에도 절대 잊지 말아야 할 것은 고객의 입장에서 생각해 볼 줄 아는 자세다. 판매자의 입장에서는 당연히 상품을 팔아야 한다는 분명한 목적을 가지고 있다. 하지만 고객의 입장에서는 방문 목적이 오로지 상품 구매가 아니기 때문에 사도 그만, 안 사도 그만이다. 즉 선택 사항 중 하나라는 점이다. 당연히 100퍼센트 구매는 있을 수 없다.

그러니 조금만 더 생각해 보고 일단 마음 편하게 고객을 대하는 자세가 무엇보다도 중요하다. 판매를 위해서 내가 조금만 조급하게 생각하면 고객은 금방 그 느낌을 알아챌 수 있다. 오히려 고객보다 더 느긋하게 편안한 분위기를 만들 필요가 있다. 또한 모든 시작이 완벽할 필요는 더더욱 없다. 내가 바라는 방향대로 고객이 따라와 주면 좋은 것이고 그렇지 않다고 해서 조금도 실망할 필요가 없다. 일단은 고객에게 한 걸음 다가가는, 한 마디 더 하는 자세가 필요하다.

실제로 상품을 구매하기 위해서 매장을 방문하는 고객은 열에 여덟은 진짜로 구매를 위해서 방문하는 것이다. 다만 지금 살 것이냐 다음에 살 것이냐의 차이일 뿐이다. 판매자의 입장에서도 마찬가지다. 지금 팔 수 있다면 좋은 것이고, 혹시 지금이 아니라면 다음에 판매하게 될 것을 믿고 기다려야 한다. 다만 당장 필요한 것은 고객의 거절에 대한 우리의 자세. 수도 없이 거절을 당하게 되는데 마냥 즐거운 표정을 지으면서 웃고만 있는 것이 쉽지 않기 때문이다.

거절은 야구에서 보면 일종의 삼진과도 같은 것이다. 하지만 삼진을 많이 당한 타자가 홈런도 많이 친다는 것이 정설이다. 역대 홈런왕은 모두 다 동시에 삼진왕이기도 했다. 메이저리그 역사상 가장 유명한 홈

서비스를 파는 남자

런왕을 꼽아보자면 베이브 루스를 들 수 있다. 선수로 활약하는 동안 무려 714개의 홈런을 쳤고 12번이나 홈런왕에 올랐다. 그래서 사람들은 그를 '불후의 홈런왕'이라고 부른다. 하지만 그에게는 또 다른 별명이 있다. 바로 '삼진왕'이다. 베이브 루스는 5번이나 삼진왕에 등극했다는 사실을 알고 있는가? 714개의 홈런을 치는 동안 1,330개의 삼진을 당했다. 그런 베이브 루스도 삼진에 이렇게 멋진 말을 남겼다.

"모든 삼진은 홈런으로 가는 길이다."

그렇지만 또한 삼진에는 두 가지 종류가 있다. 가만히 배트를 들고 서 있다가 단 한 번도 제대로 휘둘러보지 못하고 타석에서 내려오는 경우와, 있는 힘껏 배트를 휘둘렀지만 공을 맞추지 못해서 삼진을 당한 경우다. 다시 영업으로 돌아와서 얘기하자면 고객으로부터 거절을 당했다는 것은 있는 힘껏 배트를 휘둘렀지만 공을 배트에 맞추지 못한 경우에 해당한다. 하지만 절대로 걱정할 일이 아니다. 조금만 더 집중하고 연습한다면 누구라도 역전 굿바이 홈런을 칠 수 있기 때문이다. 주저하지 말고 공을 뚫어지게 쳐다 볼 줄 알아야 한다. 나에게 있어서 공은 바로 눈앞을 지나가는 고객이다. 내 앞에 있는 고객이 스트라이크 존에 들어왔다고 생각하고 마음껏 배트를 휘둘러야 한다.

"한 블록에 열 가구가 있다면 열 가구를 모두 방문하지. 열 집 중 여덟 집이 구매를 거절했다 해도 반대로 생각하면 나머지 두 집은 내 물건을 샀다는 뜻이니까 전혀 낙담할 필요가 없지. 석 달 뒤 똑같은 블록을 갈 때 역시 열 집을 모두 방문하지. 어떤 세일즈맨들은 과거에 물건을 성공적으로 판매했던 집만 다시 방문하지만 나는 그렇지 않아. 물건을 사지 않았던 여덟 집도 결국 내게서 물건을 사게 되리라는 사실을 알기 때문이지. 그리고 실제로도 그랬어. 석 달 만에 한 번씩 내 구역에 있는 모든 가구를 방문했어. 그렇게 해서 결국 500명이 넘는 단골을 확보하게 된 거야.”

『도어 투 도어』 중에서

앞에서 언급했던 뇌성마비 세일즈맨 ‘빌 포터’가 한 말이다. 이처럼 고객이 거절한다는 것은 결코 실패를 의미하는 것이 아니다. 고객의 거절은 당신의 경험을 한 단계 업그레이드 시켜주는 일종의 ‘코칭’이다. 당장 고객이 내 눈 앞에서 거절을 하고 자리를 떠나갔다면 일단 생각해 보자. ‘왜 그랬을까?’ 가격, 디자인, 시기, 기존 제품과의 비교, 판매를 하는 나 자신 등 여러 가지 요인에 대해서 생각해 볼 줄 알아야 한다. 때에 따라서는 용기를 내서 고객에게 직접 물어볼 줄도 알아야 한다. 그럴 경우 고객은 ‘가격이 좀 비싸네요.’라든가 ‘한 번 더 생각해 보고 올게요.’라고 말할 것이다. 만일 고객이 이와 같이 답변을 주었다면 내 입장에서는 훨씬 더 수월해지는 것이다. 다만, 고객의 대답이 그 대답 자체로서 끝난다면 지금까지의 진행사항이 무의미해진다. 고객의 입장에서 망설일 수밖에 없었던 이유를 해결해 주고자 하는 노력이 있어야 한다. 이는 상호간에 win-win이 되기 위한 일종의 ‘다가서는 한 걸음’이 필요한 것이다.

설령 오늘 구매로 이어지지 않았다 하더라도 고객과 나 사이에 존재하는 연결 끈 하나를 더 묶는 노력이 필요하다. 구매를 망설이게 만든 요인을 해결하기 위해서 어떤 노력이 필요한지를 생각하는 것이 내가 가장 먼저 해야 할 최우선 순위다.

삼성생명에서 그랜드 챔피언을 10년 연속해서, 그리고 총 11번을 수

서비스를 파는 남자

상했던 예영숙 명예전무가 있다. 그녀는 『열한 번째 왕관』에서 거절하는 고객에 대해서 다음과 같이 말했다.

"판매는 거절에서부터 시작된다. 설득에 실패한 것은 더 이상 기회가 없다는 뜻이 아니라 상대의 마음을 더 많이 들여다보라는 뜻이다. 세일즈맨의 본분은 설득에 있고, 고객은 일단 거절부터 한다. 설득에 저항하는 것은 고객의 자연스러운 심리다. 고객은 항상 떠날 준비를 한다. 더 좋은 상품을 향해, 더 좋은 상황이 될 때까지, 이것이 고객의 속성이다."

'지옥이 있기 때문에 천국이 더 빛나는 법이다.'라는 말이 있듯이 수많은 거절이 있기 때문에 판매라는 결과가 더 아름다운 것이 아닐까? 아이러니하게도 거절하는 순간이 있기 때문에 구매로 이어지는 순간이 더 고마워지는 법이다. 고객의 거절은 판매자인 나의 입장에서 보았을 때 당연히 극복해야 할 과제다. 하지만 뛰어넘어야 하는 벽으로 생각할 것이 아니라 열고 들어가야 하는 문이라고 생각해야 한다.

"많은 사람들이 판매에서 실패하는 이유는 첫 승리를 경험하기까지 충분히 오래 버티면서 노력하지 않기 때문이다. 거래를 성사시켜 승리감을 맛보면 동기부여가 강해지고 제품과 서비스를 더 많이 팔게 된다. 그러나 그런 첫 경험을 하지 못하면 쉽게 의욕을 잃고, 판매가 자신에게 맞지 않다고 생각하기 시작한다."
'세일즈의 신'이라고 불리는 브라이언 트레이시의 말이다.

어제 최고의 실적을 올렸다고 하더라도 그건 지나간 과거의 방법이 었다. 오늘은 또 새로운 나의 모습으로 또 다른 방법으로 새롭게 다시 도전해야 한다. 어제는 결코 현재의 최고가 아니라 과거의 최고다. 오늘 고객으로부터 거절을 받았다. 그 순간 한 번 더 생각해 보자. '내가 과연 지금 이 순간 내가 할 수 있는 최선을 다 했는가? 이것이 나의 최선이었는가?'를 말이다. 이렇게 생각하면 나 스스로도 고개를 가로젓게 된다. '아니다. 결코 아니다. 이것은 나의 최선이 아니었다. 나는 내일 다시 새로운 마음으로 고객에게 최선을 다할 것이다. 그것이 나의 본 모습이다. 나는 분명 그럴 것이다. 나는 충분히 그럴 수 있다.'

그리고 고객 또한 최선을 다하는 내 모습을 바랄 것이다. 지금의 모습은 부족하다. 그래서 나는 오늘보다 내일 고객에게 더 나은 서비스를 제공할 수 있다. 스스로 생각해 보자. 오늘 나의 모습에 만족할 것인가?

'거절해 주서서 감사합니다.'라고 고객에게 직접적으로 말할 수는 없다. 하지만 입 밖으로 말하지는 않더라도 마음속으로는 그런 고마움을 간직하고 그 고객과의 소중한 만남을 기억해야 한다. 그리고 거절과 함께 돌아서는 고객에게 마음속으로 진심으로 감사할 줄 알아야 한다.

"감사합니다. 다음에 뵐 때는 더욱 고객님의 기대에 만족할 수 있는 모습을 보여드리도록 노력하겠습니다. 거절해 주서서 진심으로 감사합니다!"

서비스를 파는 남자

06
service

매장이라는 무대에서
나는 주인공이다

희극에서 가장 어려운 배역은 바보이고,
그 역을 맡는 배우는 바보가 아니다.

- 세르반테스

고객을 응대하는 것을 연습하는 데 있어서 최고의 방법은 무엇일까? 어떻게 하는 것이 고객을 대하는 최고의 모습일 수 있을까? 백화점에서는 이럴 경우 고객응대와 관련하여 일종의 '역할연극(Role-Playing)'을 통한 연습을 하기도 한다.

2003년 백화점에서 고객응대 경진대회가 열렸을 때 이야기다. 평가 기준은 단 두 가지. 첫째는 평소의 서비스 점수, 둘째는 고객응대 롤플레잉. 당시 내가 맡고 있는 PC(Profit-Center의 약자. 상품군 구분 단위)는 주방용품이었는데 서비스 점수가 좋은 편이라 자신 있었지만 나머지 한 가지 롤플레잉은 쉽지 않았다. 대부분의 근무 직원이 40대 중반을 넘는 게 보통인 상황으로 평균 나이가 꽤 높은 축에 속했기 때문이었다.

'아, 이 분들과 함께 롤플레잉을 하라니!'

시작도 하기 전부터 걱정이 앞서는 상황이었다. 게다가 더 큰 문제점은 롤플레잉의 스토리였다. 이야기 소재와 내용이 취급하고 있는 상품과 연관이 있어야 한다는 것이었다. 내가 직접 시나리오까지 만들어 봤는데 결코 쉬운 일이 아니었다. 머리를 싸매고 생각해낸 스토리는 주방용품을 판매하는 상황에서 고객응대의 정(正)사례와 오(汚)사례를 보여주는 것이었다. 결선까지는 시간이 어느 정도 있었지만 아무리 연습을 해도 진전이 없었다. 게다가 연기력도 부족한 것은 둘째 치고 몇 명 되지 않는 구성원끼리도 호흡도 맞지 않는 것이었다. 시간이 흐를수록 지쳐가기만 했고 서서히 서로 간에 짜증도 늘어만 갔었다. 연습을 한참 하던 도중 자꾸 실수가 반복되어 모든 걸 중단하고 잠시 쉬던 참이었다. 그때 내가 속한 부서 팀장님의 소개로 점포에 있는 아동극장의 단장이 우리를 찾아왔다. (당시 내가 근무하던 점포에는 점포 내에 아동극장이 있었다. 웬만한 연극단 뺨칠 정도로 탄탄한 스토리며, 무대 연출, 소품 등도 대단했던 걸로 기억한다.)

"어디 한 번 보여주세요. 제가 한 번 살펴보겠습니다. 너무 부담 갖지 마시구요."

우리는 지금까지 연습한 대로 열심히 해 보았다. 짧은 연기를 마치고 나서 단장으로부터 무슨 말이 나올지 기다리는 동안 잠시 침묵이 흘렀다. 그리고 단장은 내게 이렇게 물었다.

"죄송하지만…… 재미있으세요?"

"예?"

"지금 연기 하신 분들 스스로가 재미있으시냐고 물었습니다."

"……"

또 다시 침묵이 흘렀다.

서비스를 파는 남자

"스토리나 연기력을 묻는 게 아닙니다. 저는 각자 스스로가 재미가 있는지만을 물었습니다."

"죄송하지만 솔직히 잘 모르겠습니다."

연기를 하는 팀의 책임자로서 내가 나서서 답변했다.

"연기는 스스로 좋아서 하지 않으면 안 됩니다. 다른 건 모르겠습니다. 실제로 연기하는 분들을 보면 그 순간 눈빛이 살아있다고 하잖아요. 진짜로 몰입하면 그렇게 됩니다. 여러분들은 몸만 연기를 했을 뿐입니다. 가장 중요한 것은 연기자들의 마음가짐입니다. 우선 무대에서 즐길 줄 알아야 합니다. 그렇게 되면 다 잘 될 것입니다."

나는 그 순간에 들었던 이 말들을 절대로 잊지 못한다. 그것은 내 평생에 들었던 가장 멋진 말이기도 하다. 바로 그 말을 들은 다음에 우리는 연기를 하면서도 우리 스스로 뭔지 모르지만 마음속에서 바뀌었다는 것을 느꼈다. 대사 한 마디도 실제로 내가 매장에서 하듯이 마음을 담아 말했고, 고객을 향하는 손짓, 고객을 향해 걸어가는 한 걸음도 실제로 매장에서 고객을 대하는 마음으로 연기했다. 그리고 결선의 순간에 우리는 무대 위에서 전혀 떨지 않았다. 오히려 우리는 무대에서 연기를 펼치는 그 순간 우리 스스로가 즐거워했고, 또 그 순간을 만끽했던 것이다. 결과는 당연히 우승이었다.

판매를 하는 사람의 입장에서 보았을 때, 매장에서 고객을 대하는 순간도 이와 같다. 나 스스로 지금 내 눈앞에 있는 고객과의 만남, 그 순간의 대화를 즐길 줄 알아야 한다. 고객의 이야기, 행동마다 호흡을 달리하고 추임새를 바꿔가면서 응대하다 보면 어느새 고객과의 눈높이가 같아지는 것이다. 이때가 비로소 고객과 같은 주파수가 이루어진 순간인 것이다.

우리가 알고 있는 당대 최고의 영화배우로 찰리 채플린(Charlie Chaplin)을 예로 들 수 있다. 채플린의 경우 유명한 스타가 되고 난 후에도 자신의 연기에 완벽을 기하기 위해서 부단히 노력한 사람으로도 유명하다. 채플린은 자기가 연기한 영화를 수십 번, 수백 번을 돌려보면서 자신의 동작을 꼼꼼하게 들여다보았다. 어떤 표정을 지었을 때 어떤 동작을 했을 때 관객들이 웃었는지를 보기 위해서이다.

필름을 들여다보면서 '이렇게 하면 관객이 웃을 것이 분명하다'라고 생각했는데 웃지 않는다면 자신의 동작에 대해서 수없이 다시 들여다보고 연구했던 것이다. 반대로 전혀 웃기지 않을 상황에서 관객이 웃었다면 왜 웃었는지에 대해서 다시 연구했다고 한다.

마찬가지로 고객이 내 예상과 다르게 반응한다면 무언가 내가 한 말이나 행동이 의도와는 맞지 않은 것이다. 실제로 구매와 이어지든 이어지지 않든 분명히 되짚어 볼 필요가 있다. 만약 우리가 채플린의 천 분의 일이라도 따라한다면 우리는 분명 판매의 왕이 될 것이다.

김상운 작가의 『마음을 비우면 얻어지는 것들』을 보면 이런 말이 있다.

"우리가 이 땅에 태어난 것은 나름대로 맡은 배역이 있기 때문이다. 배역을 받아들이지 못하면 방황할 수밖에 없다. 하지만 배역을 겸허하게, 감사히 받아들이면 남과 비교하지 않고 열심히 연기할 수 있다. 힘든 배역이 끝나면 다음 연극에서는 쉬운 배역이 기다리기 때문이다."

그렇다. 인생이 한 편의 연극이라고 한다면 나는 그 연극의 주인공인 셈이다. 내 삶의 시작과 함께 막이 올랐고, 내 삶이 끝나는 순간에 다시 막이 내릴 것이다. 내가 하는 말 한 마디가 대사가 되고, 내가 하는 행동 하나가 연기가 된다. 내가 만나는 모든 사람들은 나와 함께 연기하는 등장인물이고, 나를 둘러싼 이 세상 사람 모두가 관객이 되는 것이다. 연습도 리허설도 없는 오로지 리얼타임 생중계되는 한 편의 연극인 셈이다. 내가 힘들다고 무대에서 내려올 수도 없고, 영화처럼 잠시 '컷!' 하고 나서 나중에 다시 찍을 수도 없다. 지금 당장 조금 힘들더라도 이 순간을 어떻게든 최선을 다해서 슬기롭게 대처해야 한다.

'당신이 어디로 가든 항상 자기 자신을 데려가게 되어 있다'라는 말이 있다. 지금 당장 힘들다고 해서 이를 극복하려 하지 않고 도피해 버린다면, 그때 그 순간의 당신의 마음가짐과 생각하는 태도는 지구 끝까지라도 당신을 따라간다는 말이다. 이를 극복하는 것도 지혜롭게 뛰어 넘는 방법도 오로지 내 자신의 능력과 선택에 달려 있다. 영화배우, 연극배우, 유명 스포츠 선수 등 주인공은 자신이 서는 무대에서 혼신을 다해서 연기를 펼친다. 그리고 그 순간을 위해서 최선을 다해서 준비한다. 여름철 일주일간의 세상 밖 생활을 위해서 7년 이상을 땅속에서 살아온 매미와도 같이 말이다.

이처럼 매장이라는 곳은 절대로 단순히 상품만을 판매하는 곳이 아니다. 내가 삶을 영위하는 곳이고, 고객과 만날 수 있는 유일한 장소이기도 하다. 매장은 곧 무대이고 나는 무대의 한 가운데 서 있는 배우이다. 그렇다면 내가 평소에 배운 모든 모습을 마음껏 고객에게

펼쳐 보여주면 된다. 그 순간 고객은 관객이기도 하지만, 무대 위에 오르게 되면 나의 상대역할이 되는 것이다.

언제나 중요한 것은 고객이지만 매장이라는 무대에서는 고객이 유일한 주인공은 아니다. 오히려 고객의 유형에 따라 그때그때 카멜레온처럼 변할 줄 아는 사람이 진짜 '주인공'이다. 영화나 연극에서 연기를 잘하는 사람은 자신만의 멋진 연기를 펼치는 사람이 아니라 상대 배우에 따라 자신의 연기 스타일을 바꾸는 사람이다. 그런 사람이 톱배우이고 진정한 연기자인 것이다.

자, 이렇게 한 번 생각해 보자. 이제 바로 내가 주인공의 모습으로 최고의 연기를 펼칠 차례다. 이제 곧 무대의 막이 오르고 관객들이 박수를 칠 것이다. 나만을 위한 매장에 상대역으로 고객이 등장했다. 그리고 나의 말 한마디, 손짓 하나, 발 한걸음에 집중해서 쳐다볼 것이다. 심장이 세차게 뛰기 시작한다. 자, 나가자. 주인공의 눈빛으로! 나의 무대, 매장으로 올라가자.

매장이라는 무대 위에서 스스로 생각하기에 최고의 Performance(연기)를 펼쳤을 때, 비로소 최고의 Performance(성과)를 얻게 될 것이다!

서비스를 파는 남자

나를 만든 건
팔 할이 고객이다

'내가 하고 있는 서비스가 과연 어느 정도 수준인가?'

'나는 과연 지금 올바른 고객응대를 하고 있는 것인가?'

때로는 나 자신에 대한 이런 궁금증이 들곤 한다. 과연 지금 내 자신의 서비스 수준을 어느 정도라고 표현할 수 있을까? 서비스는 절대로 눈에 보이지 않는 것이다. 그래서 서비스는 수치화하거나, 계량화하여 나타내기가 어렵다. 항목 하나하나를 보고 절대적으로 A가 옳다, 아니 B가 옳다 말할 수 없는 것이다. 게다가 내가 하는 방법이 모든 고객을 만족시킬 수 있는 절대적인 방법이라고 주장하기는 더더욱 어렵다.

하지만 서비스에도 한 가지 확실한 정답은 있다. 그것은 받아들이는 사람이 어떻게 생각하고 있느냐에 달려있다는 것이다. 내가 아무리 100의 노력을 했다고 생각하더라도 받아들이는 사람이 10이라고 하면 10이다. 반대로 내가 10의 노력밖에 하지 못했지만 받아들이는 사람이 100이라고 하면 그것은 100인 것이다. 나는 이것을 '상대 기대 치의 법칙'이라고 일컫는다.

서비스에 관한 우화집 『갈림길에 선 고객』이라는 책이 있다. 이 책에 보면 서비스의 목적이 무엇인지, 우리가 무엇을 해야 진정한 서비스라고 할 수 있는지에 대해서 이렇게 말하고 있다.

"좋은 서비스라는 것은 그 서비스를 제공하는 사람이 아닌, 받는 사람의 눈으로 봐야 한다는 것이지요. 당신이 이곳에 왔을 때, 우리가 실제로 당신을 어떻게 대했는가만 중요한 것이 아니라, 그 행동에 대해 당신이 어떻게 느꼈는가가 중요하다는 뜻입니다. 그 누구도 다른 사람의 마음속을 꿰뚫어 볼 수는 없기에, 대신 다른 사람의 행동을 지켜봄으로써 그에 바탕을 둔 판단을 내리게 되지요."

결국은 고객이 나에게 얼마나 기대를 하고 있는가에 대한 나름의 판단과 그에 따른 용기 있는 행동에 달려 있는 것이다. 내가 할 수 있는 최선을 다했지만 그것이 고객의 기대치에 못 미친다면 고객은 나에게 실망할 것이 분명하다. 반면에 아주 간단한 일이라고 생각해서 고객을 도왔는데 의외로 고객이 커다란 감동을 받게 되는 경우도 있다. 이것은 단순히 '운이 좋다 또는 운이 나쁘다'로 구분 지을 수 있는 내용이 결코 아니다. 결국 고객의 기대치도 있지만 중요한 것은 나의 마음가짐과 행동이 어떠하였느냐이기 때문이다.

그렇다면 어떻게 하면 고객을 기쁘게 할 것인지 마음 속 깊이 고민할 필요가 있다. 고객의 기대치를 충족시키기 위해서 가장 먼저 해야 할 것은 이런 고민에서부터 시작한다. 만약 고객을 만나게 된다면 어떤 말과 어떤 행동을 해야 하는지 머릿속으로 생각해 보고 대화 내용도 미리 검토해 보는 것이다. 고객을 만나는 순간에는 고객의 시선, 손짓과 발걸음을 유심히 살펴보고, 고객의 니즈(Needs)와 원츠(Wants)가 무엇인지 파악해 본다. ('니즈'와 '원츠'. 이 부분에 대해서는 뒤에 따로 설명하겠다.) 그만큼 고객의 표정이나 말 한 마디도 매우 중요하다.

다음은 혼다자동차의 창업자 혼다 소이치로 회장과 관련된 일화다.
일본이 2차 세계대전에서 패전하고 얼마 지나지 않은 시기에 소이치로 회장은 오로지 기술개발에만 전념하고 있던 때였다. 하루는 소이치로 회장이 자신이 만든 부품 중 하나에서 불량품이 발견되었다. 소이치로 회장은 즉시 회의를 소집해서 해결책에 대해서 논의했다. 담당자 중 한 명이 가만히 얘기를 듣고 있다가 이렇게 말했다.
"1만개 중 하나면 확률이 0.01퍼센트입니다. 그냥 넘어가시면 안 될까요?"
그 대답을 듣고 소이치로 회장은 버럭 화를 냈다.
"멍청한 녀석! 우리에게는 0.01퍼센트일지 몰라도 그 부품을 구매한 고객에게는 100퍼센트 확률이란 걸 모르나?"

실제로 매장에서도 그렇다. 내가 컨디션이 안 좋아서 잠깐 인상을 찌푸린다든가 하는 경우는 얼마든지 있을 수 있다. 하지만 그 순간에 나를 찾아온 고객은 나의 그 모습을 보고 내가 항상 그런 표정을 짓고 있다고 생각하는 것이다. 나는 하루 종일이라는 시간 중에 바로 그 순간일지는 모르겠지만 고객이 본 내 모습은 그게 전부이기 때문이다.

이번에는 실제 매장에서의 사례를 살펴보자.

상황: 비가 많이 내리는 장마철 평일의 한산한 오전 시간. 멋지게 옷을 차려입은 30대 중반의 여성 고객이 소파 매장을 방문하였다. 실제로 10분도 되지 않는 짧은 시간 동안의 상담 끝에 가격이 꽤 높은 리클라이너 소파를 구매하기로 결정했고 그 자리에서 즉시 결제하셨다. 그리고 무리가 따르더라도 당장 내일까지 배송을 받고 싶어 하셨다. 그것도 지방으로 말이다. 자세한 내용을 몰랐던 나의 경우 막연하게 이런 생각이 들었다.

'구매해 준 것은 고맙지만 좀 너무하는걸? 가구가 무슨 가방이나 신발인 줄 아나. 어떻게 당장 내일 지방으로 배송해 달란 말인가?'

하지만 실제로 상담을 했던 매니저로부터 들은 내용은 다음과 같다.

"비교적 젊은 나이에 일찍 결혼한 다음에 지금까지 외국에 나가서 살고 계신다고합니다. 하지만 얼마 전에 들은 얘기로는 시골에 계시는 친정아버지가 말기 암이라고 하시네요. 치료 방법도 없다고 하는데 생의 마지막 순간에는 병원이 아니라 지금까지 살아 왔던 집에서 편하게 보내고 싶어 하셨습니다. 그 얘기를 듣고 따님이 즉시 귀국해서 선물로 리클라이너 소파를 사드리는 거랍니다. 저는 본사에 얘기해서 어떻게 해서든 내일까지 배송 받으실 수 있도록 해 드리겠다고 약속했습니다."

나는 이 얘기를 듣고 섣불리 겉모습만 보고 판단했던 나 자신이 너무도 부끄러웠다. 나 역시 같은 경험을 했기 때문이다. 나의 어머니도 대장암으로 돌아가셨다. 어머니가 돌아가시기 한 달 전에는 너무 고통스러워서 침대에서 주무시지 못하셨기 때문에 당시에 안마의자를 사 드렸었다. 잠시나마 짧은 잠이라도 안마의자에서 잠드셨던 모습이 지금도 눈앞에 생생하다. 그런 생각이 들자 나도 모르게 눈가가 촉촉해지는 것이 아닌가. 그런 경험이 이 순간에 나를 너무도 부끄럽게 만든 것이다.

그러고 나서 약 한 달 뒤, 그때 그 젊은 여성 고객님이 다시 매장을 방문했고, 매니저에게 이렇게 얘기했다고 한다.

"저희 아버지가 이 소파를 받고 얼마나 기뻐하셨는지 몰라요. 딸이 자기를 위해서 준 마지막 선물이라고. 저 세상으로 가는 마지막 날까지 여기서 편안하게 지낼 수 있어서 더 좋다고. 진짜로 아버지는 이 소파에서 지난주에 운명하셨어요. 이 근처에 올 일이 있었는데 저도 매니저님께 이 말을 꼭 전하고 싶었습니다. 진심으로 고맙습니다."

앞에서 얘기한 이 두 가지 이야기가 우리에게 무엇을 말해주는 것일까? 이것이 바로 서로간의 입장 차이, 좀 더 명확히 하면 판매자와 고객의 입장 차이를 말하는 것이다. 나에게는 지금 당장 더 중요한 일이 있다고 하더라도 눈앞에 있는 고객을 조금이라도 소홀히 해서는 안 되는 이유다. 내가 아무리 바쁘고 더 중요한 일이 있다고 하더라도, 그리고 지금 당장 절대로 사지 않을 것이 뻔한 고객이라고 하더라도 고객의 입장에서 생각해 볼 줄 알아야 한다. 이것이 고객을 대할 때 조심해야 할 우리들의 자세다. 그냥 겉으로 봐서는 고객의 입장을, 고객의 생각을 쉽게 알 수 없다. 직접 물어보고 대화하는 동안에 상호간에 생각의 차이를 없애나가는 것이 진정한 판매자의 노력인 것이다.

'우리는 항상 고객의 요구에 부응합니다!'

어느 식당 전단지의 아랫부분에 씌어져 있는 문구였다. 이 글을 보고 나는 쓴 웃음을 짓지 않을 수 없었다. '부응'이란, 어떤 요구나 기대 따위에 좇아서 응함'이란 뜻이다. 단어의 뜻만 얼핏 당연한 것처럼 여겨진다. 하지만 '고객이 요구하는 대로, 고객이 기대하는 대로'만 한다면 결국 말 그대로 뻔한 사람이 되는 것이다. 절대로 고객이 요구하는 대로 해서는 안 된다. 천차만별인 고객의 요구에 대해서 그보다 더한 자기만의 무언가를 더할 줄 알아야 한다.

내가 아무리 열심히 노력한다고 해도 그 노력을 상대방이 모른다면 아무런 소용이 없다. 그건 봄날 스쳐 지나가는 짝사랑과도 같다. 내가 상대방을 아무리 마음속으로 사무치게 좋아한다고 해도 상대방이 내 마음을 모르면 무슨 소용이 있을까? 고객을 대할 때는 나의 본모습을 얼마나 정확하게 보여주는가가 중요하다. 그것을 결코 과대평가 또는 과소평가하려는 것이 아니다. 있는 그대로 내가 노력하는 모습을 보여주는 것이다. 그런 노력이 절대적으로 필요하다. 내가 진실로 열심히 노력한다는 것, 누구 앞에 나서더라도 떳떳하다고 말할 수 있더라도 그건 말 그대로 자기만족에 지나지 않는다.

진정으로 고객에게 다가서고 싶다면 그 마음을 고객에게 적극적으로 알려라. 고객을 향한 당신의 진심어린 마음을 알려라. 고객은 그런 노력을 진짜 진심으로 받아들이기 마련이다.

지금 앞에 있는 고객에게 한 걸음 더 다가서라. 한 번 더 인사하라. 한 번 더 눈을 맞춰라. 그리고 한 번 더 미소 지어라. 그 순간 고객의 마음은 이미 당신 것이다.

서비스를 파는 남자

나는 상품이 아닌
서비스를 판다

08
service

가는 날마다
장날이어야 한다

여기 허름한 식당이 있다. 교통편도 좋지 않고 외진 골목에 있어서 아는 사람이 아니면 여간 찾기 힘들다. 하지만 음식 맛 하나는 끝내준다. 그래서 하나둘 단골이 늘어간다. 단골만 알아서 찾고 또 찾아오는 곳이다. 그런데 어쩌다 맛집으로 선정되어 방송을 탔다. 갑자기 사람들이 몰려온다. 이제는 점심시간에 앉을 자리는커녕 기다란 줄까지 선다. 맛집으로 알고 일부러 찾아온 사람들은 불평불만이 가득하다. 자리는 좁은 데다가 오랜 시간 기다렸는데 막상 먹어보니 별반 차이가 없는 것이다. 맛집에 선정되어 TV에 방송된 것이 오히려 독이 된 경우다. 결국 새로 찾아온 고객은 고객대로 불만을 가지고 다시는 안 오겠다고 다짐한다. 단골고객은 단골고객대로 기존에 조용하던 맛집을 그리워한다. 어느 쪽을 보더라도 다 실패한 것이다. 주인은 실패를 경험하고 나서 생각했다.

'식당이 너무 좁았기 때문이야. 식당만 넓으면 다시 예전처럼 장사

서비스를 파는 남자

할 수 있어!'

주인은 주위로부터 빚을 얻어서 크게 확장했다. 그럼에도 불구하고 한 번 끊어진 단골은 여간해서는 다시 돌아오지 않는다. 이제는 처음 시작했을 때보다 매출이 더 형편없어지게 되었다.

실제로 이런 경우를 주위에서 심심치 않게 보곤 한다. 주인의 입장에서는 씁쓸하겠지만 '장소'에 너무 집착한 나머지 '고객'과 '서비스'라는 훨씬 더 중요한 것을 간과한 것이다.

새로 개점한 곳이 있으면 고객들은 호기심에서라도 꼭 한 번 가보게 된다. 훨씬 더 큰 규모에 없는 것 없이 가득 찬 지금까지 가본 곳과는 다른 별천지와 같은 곳. 하지만 이곳에서 불친절한 직원을 만나게 된다면? 아무리 규모가 크고 모든 것을 다 갖추었다고 하더라도 불친절한 직원 한명 때문에 최악의 경험을 했다고 생각할 수 있다. 고객만족의 마지막 화룡점정은 '장소'와 '상품'이 아니라 결국 '사람'과 그가 전해주는 '서비스'인 것이다.

『마케팅은 짧고 서비스는 길다』에 보면 오직 고객의 관점에서만 생각하고자 노력하는 일본 이세탄 백화점의 사례가 나온다. 거기에는 매장(賣場)과 매장(買場)의 차이에 대해서 이렇게 설명하였다.

매장(賣場)은 말 그대로 판매를 위한 장소를 일컫는다. 이것은 판매자가 중심인 곳이다. 그래서 고객의 입장에서 생각해서 상품을 사는 곳인 매장(買場)으로 바꿔 생각해야 한다고 말한다. 이 하나만 봐도 얼마나 고객중심으로 생각하는 것이 중요한지 알 수 있다. 지금 우리나라의 경우를 봐도 많은 점에 있어서 고객중심으로 변하고 있다. 기차역이나 전철역을 보면 예전에는 '표 파는 곳'이라고 씌어져 있던 곳이 이제는 '표 사는 곳'으로 바뀌어 있으니 말이다. 이것이 앞에서 말한 것과 마찬가지인 고객 관점으로의 사고의 전환이라고 할 수 있겠다.

하지만 하루가 다르게 변해가는 이 세상에서 상품을 판매하는 매장이라는 곳도 단순히 이름만 바꿨다고 해서 여기서 생각이 그치게 되면 곤란하다. 지금은 오프라인 매장, 온라인 매장을 넘어 모든 것이 통합되고 하나로 흐르는 시대다. '쇼루밍 족(백화점, 마트 등 오프라인 점포에서 상품을 직접 눈으로 보고 손으로 만져 보고 나서 정작 구매는 가격이 더 싼 온라인에서 저렴하게 구매하는 사람들을 뜻하는 단어)'이란 단어가 생기는가 하더니만 '역쇼루밍 족(쇼루밍족의 반대말. 온라인에서 인기상품 등에 대해 철저한 정보를 입수한 다음 구매는 오프라인 매장에서 하는 사람들)'이란 단어도 곧장 나타났다. 백화점과 아울렛, 쇼핑몰을 한데 엮는 거대한 '몰(Mall)'의 등장과 함께 '몰링(Malling, 대형 쇼핑몰 등에서 쇼핑과 함께 단순한 여가까지 즐기는 것. 이들에게는 몰 안에서 길을 잃는 것 또한 즐거움을 뜻한다. 이들은 무엇을 샀는가보다는 어디에서 샀는가를 중요시 한다.)'이란 단어도 나오지 않았을까.

이런 상황에 맞도록 우리의 생각도 바꿔야 한다. 이제는 상품만 판매하던 시대는 이미 지났기 때문이다. 이제는 고객이 바라는 모든 것, 기대하는 모든 것을 준비하고 갖춰 놓아야만 살아남을 수 있는 시대다. 우리가 있는 이곳은 더 이상 매장이 아니다. 매장이 아니라 그냥 '場'이다. 말 그대로 장소를 뜻하는 Place이자 비어 있는 공간을 뜻하는 Space가 되어야 한다. 플레이스든 스페이스든 고객을 위해서는 여러 의미가 될 수 있다. 가득 차 있는 곳이기도 하고 빈 곳이기도 한 것이다. 어떤 것을 채울 것인지는 고객을 대하는 우리가 어떻게

서비스를 파는 남자

마음먹느냐에 달려 있다.

　고객이 상품을 원하면 상품을 보여주는 쇼룸이 되어야 하고, 쇼핑 온 친구와 함께 잠시 앉아서 이야기를 나누고 싶어 하면 원테이블 카페로 변신해야 한다. 이것저것 비교적 많은 상품을 입어 보고 싶어 하면 패션쇼도 진행해야 하고, 남자친구와 100일 기념으로 뭔가 기념 품을 사러 왔다면 100일 기념 이벤트도 만들어 줄 줄 알아야 한다.

'고객만족이라는 목적을 위해서 지금 당장 내가 해야 하는 최우선 적인 것.'

　지금 내가 서 있는 이곳에서 단 한 순간이라도 잊지 말아야 할 일 이다.

　그렇다면 다음에는 이 질문에 대한 답을 진지하게 고민해 보자.

'지금 내 앞에 있는 고객을 행복하게 해 드릴 수 있는 것은 무엇인 가?'

　단순히 돈을 벌기 위해서, 스킬을 높이기 위해서, 더 많은 경험을 쌓기 위해서라는 진부한 대답은 저 멀리 던져버리기 바란다.

　내가 생각하는 정답은 '나로 인해서 고객이 좀 더 행복해지기 위해 서'이다. 무슨 독지가라든가 기부를 업으로 삼고 있는 사람이 할 수 있는 것이 아니다. 길을 가다가 마주친 사람이 난처한 표정을 지으면 서 길을 물었다면 대부분의 사람들은 자신이 아는 데까지 길을 가르 쳐 주고자 노력한다. 그 이유는 무엇일까? 나는 곤란한 사람을 도와 줌으로써 느낄 수 있는 행복한 기분에 답이 있다고 생각한다. 그렇지 않은가? 누군가 곤란을 겪고 있는 사람을 도와줬을 때 느껴지는 행 복한 기분이란.

"친절이 진정 가치를 지니려면 아무 조건 없이, 자신의 이익과는 상관없이 베풀어져야 한다. 예고 없이, 그러면서도 영리하게 베풀어져야 한다. 자비롭고, 친절하고, 영리하게 베풀면서 사는 것이 진정으로 현명하게 사는 길이다."

야생동물 보호재단의 CEO인 월 트래버스가 한 말이다. 마찬가지로 영국의 시인인 윌리엄 워즈워드는 이렇게 말했다.

"선량한 한 사람의 인생에서 가장 빛나는 부분은 이름 없이, 자기도 모르게 자연스럽게 베푼 작은 친절과 사랑의 행위이다."

5월 가정의 달을 코앞에 두고 고객을 위한 이벤트로 고민했을 때의 일이다. 마침 어린이날을 앞두고 매장을 방문한 어린이를 위해서 무엇을 해 줄 수 있을까를 고민했었다. 여러 가지 안(案)중에서 비용 대비 효과가 큰 것으로 '요술풍선' 만들어 주기를 해 보기로 했다. 하지만 단 며칠간의 이벤트로 하기에는 너무도 짧게 느껴졌고, 그렇다고 몇 달에 걸쳐서 하기에는 인건비도 부담이 되는 게 현실이었다. 고민 끝에 몇 가지 단순한 모형(다람쥐, 칼, 왕관)은 짧은 연습만으로도 쉽게 만들 수 있기 때문에 우리가 직접 해 보기로 했다.

처음 며칠 동안은 제대로 될 리가 만무했다. 하나를 만드는 데도 몇 분씩이나 걸려서 고객이 기다리다 지쳐 그냥 가버리거나, 마음먹은 대로 풍선 모양이 만들어지지도 않아서 건네주는 사람이나 그 이상한(?) 모양을 받는 고객도 서로 멋쩍을 때도 있었다. 게다가 걸핏하면 풍선을 터뜨리곤 해서 오히려 주변 사람들을 놀라게 하기도 했다.

서비스를 파는 남자

그렇게 약 2주가량을 꾸준히 하고 나니 드디어 서서히 제대로 된 모양도 나오고 만드는 속도 또한 빨라지기 시작했다. 나는 내친김에 점점 더 어려운 모양도 도전했고, 그런 풍선을 받는 아이들의 기쁜 표정에 내심 보람도 느꼈다. 그 이후는 누가 시켜서 한 것도 아닌데 으레 주말이면 계산대 옆에 서서 몇 시간씩 고객에게 풍선을 만들어 주곤 했다. 그렇게 한 달 정도 지나고 나니 이제는 매주 방문하는 아이들도 생겨났고, 나를 보며 '풍선아저씨'라고 부르며 갖고 싶은 풍선 모양을 주문하기까지 했다.

바로 그때부터였다. 아이들의 부모님이 함께 오셔서 '고맙다'는 인사말과 이렇게 말씀하셨다.

"아이들 때문에라도 꼭 주말에 이곳에 옵니다. 덩달아 저희들 카드값이 늘어나게 되었어요. 하지만 즐거워하는 아이들을 보니 저희도 즐겁습니다."

매출을 올리기 위해서 어떤 고민과 어떤 행동을 할 것인가를 생각하기보다는, 내가 해 왔던 이벤트로 인해서 오히려 결과적으로 매출이 올라가는 데 도움이 되었다는 말에 뛸 듯이 기뻤다.

"사람들이 원하는 것을 얻도록 돕는다면 당신 또한 원하는 모든 것을 얻게 되리라!"

바로 자동차 세일즈의 왕 지그 지글러가 했던 말이다.

그렇다. 잠자리에 들기 전 '내가 오늘 얼마의 매출을 올렸는가?'라는 생각을 하기 보다는 '내가 오늘 매장을 방문한 고객을 행복하게 해 드린 적이 있는가?'를 생각해 보아야 하는 것이다. '매출과 서비스는 별개의 것'이라고 생각하는 사람이 있는데 이것은 상당히 위험한 발상이다.

서비스와는 상관없이 구매가 이루어진다고 생각하는 순간, 어느덧 1회용 고객과 1회용 판매자만이 남게 된다. 다시는 볼 일 없는 그런 사이가 되는 것이다. 진정한 서비스 없이 고객의 구매는 있을 수 없다고 생각해야 한다. 오로지 제대로 된 진정한 서비스가 있은 후에야 비로소 고객의 구매가 있는 것이다. 먼저 고객을 행복하게 해 드리는 것이 진정한 서비스이고 그런 서비스가 있다는 전제하에 매출이 뒤따라온다.

"내가 행복해지려면 사랑받으려 하지 말고 사랑하라. 이해받으려 하지 말고 이해하라. 도움 받으려 하지 말고 도움을 주라."

법륜 스님의 말이다. 이는 남을 위해서 나를 희생하라는 말이 아니라 기쁜 마음으로 남을 위해서 남이 원하는 행동을 했을 때 오히려 내 자신이 행복해진다는 뜻이다. 결국 나로 인해서 고객이 좀 더 행복한 삶을 살 수 있게 되었다는 행복한 기분을 많이 느끼면 느낄수록 매출 또한 자연스럽게 상승하게 되어 있는 것이다.

처음 오신 고객에게는 신뢰를 주고, 단골 고객에게는 행복을 준다. 바로 이것이 가장 먼저 해야 할 업무이고 내가 여기에 존재하는 이유다.

닭 대신
꿩을 팔아라

앞에서 고객의 니즈(Needs)와 원츠(Wants)에 대해서 언급했었다. 필요한 것(Needs)을 보여주면 고객은 만족할 것이다. 그렇지만 원하는 것(Wants)을 보여주면 고객은 감동할 것이다. 고객의 요구사항 해결은 간단하다. 지금 현재 느끼고 있는 불편함을 제거해 준다든가 아니면 지금보다 더 멋지고 좋은 것, 고객이 바라는 것을 보여주는 것 이 두 가지다. 어느 쪽이든 좋다. 이는 비단 고객뿐만이 아니라 사람은 누구나 다 똑같다.

세일즈의 왕 지그 지글러는 그의 저서 『진심을 팔아라』에서 이렇게 말하고 있다.

"필요와 요구는 이유와 동기의 관계와 같다. 오늘날 성공한 세일즈맨은 고객을 중심으로 고객의 요구와 필요를 충족시키는 세일즈 활동을 한다. 사람들이 제품이나 서비스를 구매하는 이유는 그들이 그것을 필요로 하고 또 원하기 때문이다."

　고객은 판매자 앞에서 당장 필요한 것에 대한 얘기를 한다. 그리고 자신에게 있어서 당장 시급한 것 위주로 말한다. 날씨가 추워지는데 겨울옷이 없다든지, 반대로 날씨가 더워지는데 여름옷이 없다든지. 말은 그렇게 한다. 하지만 절대로 고객의 말이 '다'가 아니다. 고객은 겉으로 보이는 필요사항에 대해서만 언급한 것이다. 그 이면에 숨어 있는 '고객의 진정한 바람(Wish)'을 살펴 볼 줄 알아야 한다. 고객은 당장 필요한 니즈에 대해서 말하지만 마음속에 숨겨진 원츠는 웬만해서는 쉽게 말하지 않는다. 우리가 부단히 노력해야 하는 것은 바로 이 고객의 숨겨진 원츠가 무엇인지를 알려고 노력하는 것이다.

　"고객님께서 진정 바라는 것이 무엇입니까? 알려주시면 제가 성의껏 찾아보겠습니다."

　무턱대고 이렇게 말을 꺼낼 수도 없고, 실제로 현장에서는 결코 이렇게 해서도 안 된다. 이럴 경우 야구에서 투수의 입장에서라고 한다면 돌직구보다는 변화구를 던져야 한다. 완벽하게 고객의 마음을 알 수도 없지만 '나는 최선을 다해서 고객의 숨겨진 원츠를 알고자, 그리고 진정한 고객만족을 드리기 위해서 노력합니다.'라는 모습을 보여야 한다는 것이다. 그럴 경우에 고객은 감동한다. 자기 자신도 잘 몰랐던 사실. 마음속에 움츠리고 있었던 바람. 그것을 일깨워 준 것이다. 가격이 부담스럽고, 선뜻 구매하고자 하기도 어렵지만 그래도 마음은 그게 아니다. 고객은 즐거워한다. 고객은 행복해 한다.

　고객응대의 기본은 이성적으로 판단하되 감정적으로 다가서는 것이다. 사람들은 흔히들 돈이라든가 숫자가 관계된 업무에서는 이성적으로 판단하라고 입버릇처럼 말한다. 맞는 말이다. 하지만 판매와 관련해서는 절대로 감정을 배제해서는 안 된다. 판매라고 하는 부분에 있어서는 고객이 구매하는 순간은 논리적으로 판단하였다기보다는 마음이 움직이는 순간이기 때문이다.

니즈란 고객들의 직접적인 요구다. 판매자가 먼저 묻지 않아도 고객 스스로가 필요한 것을 말하고 요구하는 것이다. 예를 들어 식당에서 식사를 하게 되는 경우 손을 들어 사람을 불러서 필요한 것을 요구하는(식사 전이나 도중에 물을 달라고 하거나 식사를 마친 다음 계산서를 요구한다거나) 경우가 이에 해당한다. 당연한 얘기지만 고객이 스스로 신호를 보내는 순간을 놓치게 되면 서비스를 하는 사람으로서 최소한의 자격이 없는 경우다. 서비스의 가장 기본 중의 기본은 고객이 요구하는 순간에 완벽하게 그 신호를 알아차릴 준비를 하고 있어야 하는 것이다.

반면에 원츠는 고객이 직접적으로 말하지 않는다. 말하지 않더라도 판매자의 입장에서 먼저 다가서야 하는 경우다. 다시 식당을 예로 들면, 고객이 식사를 하는 도중에 부족한 것은 없는지 확인하고 먼저 챙겨준다든가, 코스 요리의 경우 고객의 식사 속도에 맞춰서 자연스럽게 이어지도록 돕는 것을 말한다.

여기서 중요한 것은 고객에 대한 '몰입'의 태도다. 진정으로 고객이 스스로 원하는 순간을 찾아서 제 시간에 맞춰 다가서야 하기 때문이다. 고객의 유형은 너무도 다양하다. 그런 고객들을 대하는 데 있어 정해진 매뉴얼대로 실행해서 고객만족을 준다는 것은 참으로 시대착오적인 생각인 것이다. 정해진 매뉴얼대로, 소위 '입으로 말하는서비스'는 결코 '최고의 서비스'가 아니다. 고객이 감동하는 순간은 '고객이 마음속으로 바라는 것을 전혀 기대하지 않거나 혹은 그 기대를 훌쩍 뛰어 넘는 수준으로 생각지도 못한 때와 모습으로 실현되는 것'을 경험하는 순간이다.

예전에 근무했던 매장에 아로마 제품을 판매하는 브랜드가 있었다. 아로마 용품은 제품 특성상 구입하는 사람이 직접 사용하는 경우만큼 선물용으로도 많이 구입하는 제품이다. 그곳에 근무하는 K매니저는 근무경력 20년에 이르는 베테랑 매니저였다. 상품이 상품인지라 K매니저는 항상 고객과 상담할 때 용도에 대해서 가장 많이 신경을 썼다. 본인이 사용할 것인지, 가족이 사용할 것인지, 아니면 선물용인지, 그리고 선물용이면 상대방의 성별과 나이, 성격이라든가 심지어 좋아하는 컬러나 수면시간까지 말이다. 직접적으로 질문을 하기도 하지만 보통은 지금까지의 경험을 바탕으로 머릿속에 있는 고객 유형에 최대한 맞춰서 능동적으로 응대하는 것이다. 이 K매니저에게 있어서 가장 최고의 순간은 고객이 구입하신 상품을 포장하는 순간이다. 백화점에서 그리고 브랜드 본사에서 포장지나 리본 등 부자재가 나오는데도 불구하고 K매니저는 고객의 의향을 물어보고 나서 최고급 포장지를 개인적으로 준비하여 포장해 주는 것이었다. 더욱 멋진 것은 그 포장지의 종류 또한 엄청나다는 것이다. 각종 색상이며 디자인 등 형형색색의 것을 준비하여 두었다가 구입한 상품이 포장되는 순간 고객은 입가에 웃음을 짓는다. 마찬가지로 K매니저 또한 고객과 함께 입가에 웃음을 지으며 최고로 몰입해서 정성껏 포장을 해 준다. 어쩔 때는 구매한 상품의 가격만큼 포장비용이 맞먹을 때도 있었다. 그 이유에 대해서 K매니저는 이렇게 답한다.

"별도로 제 돈을 들여서 하는 것에 대해서 아깝다고 생각하면 절대로 하지 못합니다. 포장은 제가 하는 것이지만 무엇보다도 선물하시는 분의 마음이 그대로 담겼으면 합니다. 저는 그 마음을 담는다는 생각으로 이렇게 포장을 합니다."

이 선물을 받아보시는 분들이 그 정성에 감탄하지 않을 수 있을까? 고객이 말하기 전에 먼저 고객의 입장을 헤아리고 가장 최선의 방법이 무엇인지 고민해 주고 행동하는 것. 이보다 더 멋진 판매사원은 없을 것이다.

주방용품을 판매하는 S매니저 또한 판매에 있어서는 최고의 베테랑이다. 어느 날 고객 두 분이 이 매장을 찾아 왔다. A고객이 딸을 시집보내는데 혼수세트를 구입하러 온 것이다. B고객은 A고객의 친구이고 구입할 생각은 전혀 없이 함께 와 준 것뿐이었다. A고객의 경우 막상 구입하러 왔다고 말하지만 실제로는 이것저것 물어보기만 할 뿐 지금 당장은 전혀 구매할 것 같아 보이지는 않았다. 그렇게 30여 분 동안 상담이 이루어졌는데 결과는 어땠을까? 상품을 구매한 사람은 A고객뿐만 아니라 B고객 역시 구매하게 되었다.

A고객은 딸의 결혼을 준비하기 위한 니즈가 있었지만 B고객에게는 오랜 기간 사용해 왔던 주방용품에 대한 교체라는 바람이 은연중에 잠들어 있었다. 그러던 것이 A고객의 끊임없는 질문에 정성껏 답하면서 응대하는 동안 B고객에게도 소리없는 감동을 전해준 것이다. 이것이 니즈와 원츠 사이의 미세한 차이라고 설명할 수 있겠다.

세일즈의 대가 브라이언 트레이시는 고객 만족을 다음 4가지 수준으로 요약했다.

첫째, 고객의 기대에 '맞추는' 것이다.
둘째, 고객의 기대를 '초과하는' 것이다.
셋째, 고객을 '즐겁게' 만드는 것이다.
넷째, 고객을 '감동시키는' 것이다.

첫째에서부터 점점 더 고객의 만족도가 올라가서 마지막 네 번째 단계에 이르러서야 진정으로 고객이 만족하게 되는 것이다.

이처럼 일반적인 노력을 '더하기'라고 표현한다면, 이런 세세한 부분까지 깊이 있게 연구하고 공부하는 노력은 '곱하기'에 가깝다. 1+1=2이고, 1×1=1이다. 이때는 더하기의 결과가 곱하기의 결과보다 크다. 세세하게 고객의 일거수일투족을 살펴보고자 챙기려 할 때는 처음에는 손해를 볼 수도 있다. 하지만 2+2=4, 2×2=4 한 번만 더 노력하면 결과는 같아진다. 이후에는 횟수를 거듭할수록 그 차이는 점점 더 기하급수적으로 커지게 마련이다. 고객의 기대는 무조건 닿을 수 없는 저 하늘과 같은 높이에 있는 것이 아니다. 오히려 시작은 매우 작은 곳에서부터다. 고객의 기호 파악과 같은 세심한 배려에서부터 시작하는 것이다. 그 시작이 결국 고객만족을 넘어서 고객감동에까지 이르게 되는 법이다.

내가 지금 옷을 판매한다고 가정해 보자. 고객의 사이즈, 선호하는 스타일, 색상 등 고려해 볼 내용은 수십 가지도 넘는다. 그리고 결정적으로 고객이 피팅룸에서 옷을 입어보게 한 뒤 마음에 드는지 여부도 물을 것이다. 하지만 지금 이곳에서 계산까지 끝마쳤다고 하더라도 반드시 이 옷을 지금 당장 입을 것이라고 섣불리 판단해서는 안 된다. 당장 입지 않을 옷이라고 하더라도 단지 옷장에 걸려 있는 것을 보는 것만으로도 행복해 할 수 있기 때문이다. 그것이 사람의 기본적인 심리이고 우리는 그것을 반드시 알고 있어야만 한다. 그것이 고객의 니즈보다는 원츠에 대한 이해가 더 필요한 이유이기도 하다.

‘내가 지금 하고 있는 서비스는 어느 수준인가?’ 진심으로 나 자신의 수준에 대해서 고민해 보자. 그리고 ‘과연 나는 셋째 또는 넷째 수준을 진정으로 지향하고 있는 것일까?’ 하고 더 깊이 있게 생각해 보자. 내 자신에 대한 진실된 고민과 행동의 시간이 결국은 최고의 ‘나’를 만들어 낼 수 있는 것이다.

고객이 필요로 하는 것을 요구한다고 해도 절대로 그게 ‘다’가 아니라는 사실을 명심하자. 지금 고객이 말하고 있는 니즈(Needs) 뒤에는 숨겨진 원츠(Wants)가 있다는 사실을 말이다.

먼저 말하기 전에
들어야 한다

고객 응대 중에서 가장 어려운 것은 누가 뭐라고 해도 고객이 클레임을 제기했을 때다. 상품에 문제가 있든지, 직원의 응대 태도에 문제가 있든지, 아니면 상품의 배송 등에 문제가 있든지 말이다. 어찌되었건 문제가 생긴 것이니 고객이 화를 내는 것이다.

대부분의 고객은 즉각적인 사과와 함께 신속한 업무처리를 해 드리는 것만으로도 화가 많이 누그러지곤 한다. 하지만 사람 마음이 어찌다 내 기대와 같으랴? 예상보다 크게 흥분하는 고객도 있고, 겉으로 보기에는 그리 화가 난 것 같지 않지만 차분하고 조용한 목소리로 끈질기게 개선을 요구하시는 고객도 있다.

'고객응대에 있어서 가장 훌륭한 대처방안이 바로 이거다!'라고 훌륭한 많은 사람들이 책에서 이야기하고, 또 무수한 전문가들이 자신만의 법칙을 만들어서 강연을 해 주기도 한다. 하지만 무엇보다도 명심해야 할 것은 고객에게 말하기 전에 먼저 고객의 말을 들어봐야 한다는 것이다. 화가 난 고객은 나름의 이유가 분명히 있다. 분명한 이유가 있기 때문에 화를 내는 것이다. 우리는 습관적으로 일단 업무처리를 하기 급급해서 내 방식대로 우선 처리하려고 하는 경향이 있다. 그런 상황에 처하게 되면 고객의 이야기를 듣기보다는 우선적으로 자신의 상황에 대해서 처음부터 끝까지 설명하려고 하는 경향이 있다. 실제로는 잠시만 입을 꾹 다물고 귀를 열어 고객의 말 한 마디만 들어도 저절로 수습이 되는 경우도 비일비재 한데도 말이다.

고객을 상대하는 데 있어 최고의 대화 방법은 다음 세 가지다.

첫째, 말하기 전에 들어라. 메리 케이 화장품의 창시자 메리 케이 애시도 듣기의 중요성 에 대해서 이렇게 말하였다.

"상대방의 말을 귀담아 듣는 것은 하나의 기술이다. 이 기술의 첫 번째 원칙은 상대방에게 관심을 집중하는 것이다. 대화를 나누기 위해 손님이 찾아오면 나는 그 사람과의 대화 이외에는 어떤 생각도 하지 않는다."

귀가 두 개, 입이 한 개 있는 것은 두 번 듣고 한 번 말하라는 것이다. 내가 먼저 말해서 고객을 설득하는 것은 가장 쉽게 하고 싶은 유혹이다. 하지만 먼저 고객이 하는 얘기를 모두 들어준다면 오히려 그 행동만으로 이미 고객은 이제 당신의 말을 들어줄 준비가 되어 있는 상태가 된다. 장기에서 보자면 일종의 '장군!'인 셈이다. 고객의 말을 다 들었다면 그제야 비로소 '멍군!'을 부를 차례다.

판매를 하는 사람의 경우 습관적으로 '내 이야기를 들어 주었으면 좋겠다'하고 생각하기 쉽다. 그리고 나서는 쉴 새 없이 이야기를 하는 것이다. 상대방이 내 이야기를 듣고 있는지 아닌지 상관없이 상품의 설명과 함께 마치 정해진 원고를 처음부터 끝까지 다 읽어야 한다고 생각하는 것처럼 말이다. 대화를 잘 하는 사람은 말을 잘 하는 사람이 아니라 말을 잘 들어주는 사람이다. '말하기'에 앞서 '들어주기'를 잘 하는 것이다.

사우스웨스트 항공의 클린 바레트 부사장은 이렇게 표현했다.

"우리는 남의 말을 잘 들어주고, 다른 사람을 생각하고, 미소를 잘 짓고, '감사합니다.'라는 말을 잘할 줄 아는 다정한 사람을 찾습니다."

언뜻 보기엔 쉬운 표현이지만 정작 들여다보면 가장 기본적이면서 우리가 쉽게 간과하는 모습에 대한 설명이다. 순간적으로 입 밖으로 튀어나오려는 말을 참고 우선적으로 고객의 말을 먼저 들어보자. 다 듣고 나서도 얘기할 시간은 충분하다. 고객은 말을 잘하는 사람보다는 자신의 말을 잘 들어주는 사람을 더 믿기 때문이다.

둘째, 귀로 듣지 말고 마음으로 들어라. 즉 경청을 하라.

들더라도 단순히 귀로만 들어서는 안 된다. 고객의 말 한마디 한마디를 집중해서 들어야 한다. 우리말에는 '듣다'는 표현이 한 가지밖에 없지만 영어에서는 이 '듣다'는 표현이 두 가지로 나뉘어져 있다. 바로 'Hear'와 'Listen'이다. Hear는 '(들려오는 소리를) 듣다'이고, Listen은 '(귀 기울여) 듣다'이다. 그런데도 우리는 습관적으로 고객의 말씀을 Listen 하지 않고 Hear 할 때가 많다. 그것마저도 한 귀로 듣고 한 귀로 흘릴 때가 많은 것이다.

前 미국 국무장관 딘 러스크는 "경청은 당신의 두 귀로 사람을 설득하는 방법이다."라고 말했다. 상대방의 말을 듣는다는 데에 이보다 더 좋은 표현이 있을까? 일반적으로 고객을 설득한다고 한다면 어떤

말을 해야 할까를 고민할 것이다. 하지만 고객에 대한 설득은 이렇게 말하기보다 듣는 것이 최선의 방법이다.

"내가 한 일은 사람들이 내게 와서 무언가 말할 때 그 이야기를 처음부터 끝까지 잘 들어준 것뿐입니다."

기자들의 질문에 대한 마더 테레사의 답변이다. 이보다 더 명확한 답변은 없을 것이다. 고객의 말은 한 마디 한 마디가 매우 중요하다. 단순히 귀 기울여 듣는다는 것을 넘어서서 마음을 담아서 들어야 한다. 고객이 말을 다 끝마치는 그 순간까지 인내심을 가지고 끝까지 주의를 기울여서 고객의 말을 들어보도록 하자.

셋째, 고객이 하는 말은 반드시 따라서 말하라.

다른 사람의 말을 들을 때 아무리 주의 깊게 들으려고 해도 100퍼센트 완벽하게 알아듣기는 쉽지 않다. 더군다나 그 말이 감정에 북받쳐서 했던 말을 또 하는, 무한 반복하는 말이라면 이야기가 달라진다. 반대의 경우도 마찬가지다. 나는 애써 감정을 추스르고 말을 하고 있는데 상대방이 내 말을 제대로 듣고 있지 않는 것 같다면 어떨까? 만약 고객이 하고 있는 말을 아무 반응 없이 그냥 듣기만 하고 있으면 고객의 입장에서는 이 사람이 제대로 듣고 있는 것인지 궁금해진다. 그것도 보통 일반적인 상황이 아니라 화가 나 있는 상황이니 더하다. '나는 화가 나서 이렇게 많은 이야기를 하고 있는데 혼자 떠들게 만들어 놓다니. 이 무슨 무례한 경우인가?' 하고 생각하게 마련이다.

식사 주문을 받더라도 종업원의 입장에서는 올바르게 주문했는지 고객께 한 번 더 확인을 하는 것이 예의다. 이와 같이 고객을 앞에 두고 있을 때에는 마치 신문기자라도 된 것인 양 들은 내용에 대해서 고객께 다시 한 번 물어봐야 한다.

"그러니까 직원에게 이렇게 말씀하셨다는 거죠, 고객님?" 이렇게 말이다. 고객의 말을 들음과 동시에 똑같은 말을 한 번 더 반복하는 것이다. 이는 고객의 말을 잘 알아들었음을 확인하는 일종의 답변인 것이다. 우리나라에서 군대를 다녀온 남자라면 '복명복창(復命復唱)'. 이 네 글자의 중요성에 대해서 잘 알고 있듯이 말이다. 상대방의 말을 따라하는 것은 내가 순간순간 반응을 보인다는 것을 뜻하며, 단순한 추임새가 아니라 진심으로 한 마디 한 마디 귀 기울여 듣고 있다는 것을 의미한다.

자, 우리에게 있어 고객은 누구인가? 우리가 고객에게 무엇을 줄 수 있는가? 고객의 입장에서 본다면 고객은 나에게 무엇을 원하고 있는가? 고객이 우리에게 말을 한다는 것은 본인이 진정 원하는 것이 무엇인지를 말하고 싶은 것이고, 그것을 우리가 알아주기를 바라는 것이다. 그것이 고객이 원하는 최소한의 기대치다.

데일 카네기는 사람 사이의 대화라는 행위에 대해 이렇게 말했다.

"2주 동안 남의 말에 귀를 기울이기만 하면 남의 관심을 끌기 위해 2년 동안 노력한 것보다 더 많은 친구를 얻을 수 있다."

분명한 것은 내가 하는 작은 몸짓과 행위 하나하나, 그리고 단 한 마디의 말까지도 고객은 분명하게 의식하고 있다. 그리고 그 반응에 대해서 매우 궁금해 하고 있다. 영어 학습을 할 때만 듣기가 필요한 것이 아니다. 평생을 들어온 우리말을 듣는 데에도 연습이 필요하다.

최고의 말하는 방법은 바로 '듣기'라는 사실을 명심해야 한다. 남의 말을 잘 듣는 사람이 자신의 말도 잘 할 수 있기 때문이다.

존 그레이는 그의 베스트셀러 『화성에서 온 남자, 금성에서 온 여자』에서 경청하는 사람의 자세에 대해서 이렇게 표현했다.

"경청하는 방법 중 가장 좋은 것은 아무런 비난 없이 있는 그대로 들어주는 것이다."

이제부터라도 말하기 전에 우선 고객의 말을 듣자. 다 듣고 나서 내가 할 말을 해보도록 하자. 고객에게 말하기 전에 먼저 귀를 열어야 한다. 하지만 그보다 먼저 열어야 할 것이 있다. 그것은 본인 스스로의 마음이다. 마음을 열고, 귀를 기울이면 굳이 내가 말하지 않아도 고객은 그런 자세를 보고 먼저 알아보는 법이다.

질문과 말은 둘 다 나의 입에서 나오는 것이다. 하지만 이 둘은 결코 같지 않다. 우리는 고객의 생각을 얻기 위해 질문을 많이 하되 말을 많이 해서는 안 된다.

적어야 산다.
살려면 적어라

상대가 뭐라고 하건 들어라. 그리고 빠짐없이 적어라.
그리고 돌아와서 즉시, 그리고 반드시 그 문제를 해결하라.

- 『일본전산 이야기』 중에서

앞에서 이야기한 것처럼 고객의 말은 처음부터 끝까지 들어야 한다. 그것이 고객을 대하는 가장 중요한 태도다. 하지만 고객이 말하는 모든 것을 들어서 그대로 실행하기는 거의 불가능하다. 때로는 혼잣말로 이야기할 수도 있고, 때로는 본인의 희망사항을 대수롭지 않게 흘려 말할 수도 있다. 또는 화가 머리끝까지 올라서 감정에 북받친 상황에서 내뱉는 말일 수도 있다. 화가 나서 말을 할 경우에는 무리한 요구를 너무도 당연하게 말할 수도 있다.

중요한 것은 고객이 이야기하는 내용을 잘 듣고 내가 도울 수 있는 것과 도울 수 없는 것을 명확하게 구분할 수 있어야 한다는 것이다. 그러기 위해서는 가장 먼저 정확하게 듣고 가급적 메모할 수 있어야 한다. 아무리 머리가 좋은 사람도 듣는 그 자리에서 즉시 세 구절을 암기하기가 쉽지 않다. 그런데도 무조건 고객 앞이라고 해서 잘 듣는 시늉을 하면서 '네~네~'만 반복할 수도 없다. 그렇다고 고객이 하는

서비스를 파는 남자

말을 빠짐없이 듣기 위해서 녹음기를 들이댈 수도 없는 노릇이다.

독일의 심리학지 에빙하우스가 제창한 '에빙하우스의 망각곡선'이 있다. 이는 학습 후 10분 후부터 망각이 시작되며, 1시간 뒤에는 50%, 하루 뒤에는 70%, 한 달 뒤에는 무려 80%가 망각된다는 이론이다. 하물며 당장 내 눈앞에 끊임없이 이야기해 주는 고객의 말을 무슨 수로 응답할 수 있겠는가? 결국 고객의 말을 경청하는 방법 중 최고는 바로 고객의 말을 적는 것, 즉 메모하는 것이다. 진지한 태도로 수첩과 볼펜을 들고서 중간 중간 고객에게 되묻기도 하고 고객의 말을 따라 하기도 하면서 메모를 하면 절대로 고객의 말을 잊을 수가 없다.

메모의 목적은 단순히 '중요하고 시급한 일을 전달하기 위해서', '뭔가를 잊지 않기 위해서'가 아니다. 오히려 메모는 잊기 위해서 하는 것이다. 사람의 뇌의 저장능력은 개인마다 차이가 있겠지만 분명 한계가 있다. 그렇기 때문에 선입선출(先入先出)방식으로 무언가를 기억하게 되면 반대로 또 무언가는 잊혀지게 마련이다.

학창시절을 생각해 보자. 시험공부를 아무리 열심히 했다고 하더라도 막상 시험만 끝나고 나면 대부분 잊어버리게 되는 것과 마찬가지다. 그렇지만 아주 어린 시절이라고 하더라도 뭔가 심리적인 충격에 가까운 경험은 절대로 잊어버리지 않는다. 어렸을 때 시장에서 부모님을 잃어버린 경우라든가 동네 축구에서 결승골을 넣었다든가, 자전거를 처음 타던 날 크게 다친 기억 등은 평생 기억하게 마련이다.

여기 친절 하나로 '300억의 사나이'라고 불리는 사람이 있다. 학력은 중졸. 은행 청원경찰로 근무하였다. 용역직원인 그를 정식 직원으로 만들기 위해서 300여 명의 고객이 탄원서를 쓰기까지 하였다. 많은 고객들은 그를 그 은행의 '지점장'이라고 알고 있다. 바로 『300억의 사나이』의 주인공 한원태氏의 이야기다. 이와 같이 되기 위해서는 남다른 노력이 필요하다. 하지만 무엇보다도 그가 가장 최우선으로 꼽는 습관이 바로 고객이 하는 말을 듣고 적는 습관에 있었다. 그가 가지고 있는 노트에는 고객에 관한 모든 것이 빼곡하게 필기되어 있다고 한다. 대화를 통해서 알게 된 고객의 말 한마디 한마디를 놓치지 않고 적어 놓은 것은 언제든지 찾아볼 수 있는 유용한 자료가 된 것이다. 무려 20년 동안 적어 놓은 내용은 단순히 적는 데에 그친 것이 아니라 이미 본인의 머릿속으로 외워서 활용하였다고 하니 그 노력이 어느 정도일까?

메모를 한다는 것은 이처럼 단순히 글자를 남긴다는 것뿐만 아니라 기억 저장을 위한 일종의 의식(儀式)인 것이다. 글로 적는다는 행위 자체는 아무것도 아닌 것처럼 보일지 몰라도 그것은 막대한 힘을 가졌다. 기록한다는 것은 단순히 글자나 문장만을 뜻하는 것이 아니다. 기록이 주는 가장 큰 효과는 기록하는 순간의 내 느낌, 감정까지도 기록한다는 것이다. 자기가 쓴 글을 읽는 순간, 그 글을 적을 당시의 시간으로 되돌아 갈 수 있다. 그것은 내 생각을 적든 다른 사람의 이야기를 듣고 적든 효과는 똑같다.

다음은 메모의 중요성과 관련한 내가 경험한 이야기다.

50대 중반으로 보이는 여성 고객님이셨는데, 백화점 상담실로 방문하셔서 급하게 담당자를 찾고 있었다. 꽤나 조용하고 차분한 말투로 요목조목 잘못된 점을 지적하시는 것이었다. 이야기를 들어 보니 우

서비스를 **파는 남자**

리 직원이 실수를 했던 부분이라서 내 입장에서는 일단 사과부터 드렸다.

"상품을 구매할 때부터 잘못된 상품을 건네줬어요. 집에 가서 보니 다른 상품이더라고요. 우선 짜증부터 납니다. 매장으로 전화를 하니 죄송하다면서 내일이라도 방문하면 상품을 준비해 놓겠다고 했습니다. 다음 날 다시 방문해 보니 직원이 없었습니다. 대신 근무하는 직원 말로는 쉬는 날이라고 하더군요. 그 직원은 내용을 전혀 모르고 있었고요. 아마도 제가 다음 날 바로 방문할 줄은 몰랐나 보지요? 급하게 전화를 하더니만 내 상품은 도착을 안 했다고 답하더군요. 그 직원은 도대체 저를 뭐라고 생각한 겁니까?"

나는 수첩을 꺼내서 처음부터 끝까지 고객님의 말씀을 육하원칙에 의해 되도록 자세하게 적었다. 고객이 어떤 기분을 느꼈는지, 직원에게 해 주고 싶은 말은 무엇인지, 심지어는 어떻게 고객의 말을 전달하고 향후에 어떻게 개선되었는지 그 결과까지 알고 싶다고 말씀하셨다. 그렇게 내용을 적던 수첩은 어느새 한 장, 두 장을 넘어서 세 장째를 적고 있을 때였다. 고객이 문득 말씀을 멈추고 나를 보고 물으셨다.

"지금까지 내가 한 말을 다 적으셨나요? 이런 경우는 처음이군요. 그렇게 적으시는 걸 보니 실제로 내가 원하는 대로 다 될 것이라고 믿어도 되겠지요? 그럼 그걸로 됐습니다. 오늘은 이만 가보겠습니다. 꼭 내가 한 말대로 지켜주시기만 하면 됩니다."

당연히 나는 고객님의 말씀을 기록한 내용을 직원들과 함께 공유한 것은 물론이다. 지금 당장이라도 우리가 어떤 마음자세를 가져야 하는지, 실제로 고객이 우리에게 어떤 말을 하고 싶어 하는지, 무엇을 기대하는지도 포함해서 말이다.

물론 받아들이는 사람의 마음 자세에 따라서 향후에 개개인의 발전 정도는 큰 차이가 있을 수 있다. 그렇지만 그 개인의 차이도 극복해야 하는 것이 우리의 숙제다.

앞에서 언급했었던 삼성생명의 예영숙 전무는 이렇게 표현했다.

"또렷한 기억보다 흐린 펜이 낫다."

누군가로부터 이야기를 들을 때는 반드시 펜과 수첩을 꺼내드는 습관을 가져야 한다. 상대방으로부터 들은 이야기의 내용뿐만 아니라 그 이야기를 듣고 느낀 점, 나의 생각까지도 적어야 한다. 몇 시간 후, 며칠 후, 몇 달, 몇 년 후에 다시 이 수첩을 꺼내어 보게 된다면 그 글을 적는 순간의 모든 기억이 한 순간에 밀려오는 경험을 하게 된다. 그것이 바로 메모의 힘이다. 아울러 상대방의 입장에서도 열심히 메모하는 나의 모습을 본다는 것은 나의 노력, 나의 진심이 전해지는 것이다. 그럴 경우 나에게 더욱 좋은 말을 해주려고 노력하게 된다.

16년 동안 스튜어디스로 근무한 경험을 엮은 『퍼스트클래스 승객은 펜을 빌리지 않는다』라는 책이 있다. 이 책의 저자 미즈이 아키코는 사회생활에서 비교적 성공한 사람들이 이용하는 퍼스트클래스 이용객을 관찰한 내용을 다음과 같이 썼다.

"퍼스트클래스에서 근무할 때는 펜을 빌려 달라는 부탁을 받은 적이 단 한 번도 없다. 퍼스트클래스의 승객들은 항상 메모를 하는 습관이 있기 때문에 모두 자신만의 필기구를 지니고 다녔다."

그렇다. 이는 영업을 하는 사람들에게만 해당되는 습관이 결코 아니다. 사람이 사람을 만나는 데 있어서 가장 기본적인 예의이자 조금 과장해서 말하자면 일종의 의무인 것이다.

나는 지금도 고객을 대할 때는 습관적으로 가장 먼저 수첩과 펜을 꺼내든다. 그리고 고객이 하는 말을 가급적 한 마디도 놓치지 않고 적으려고 노력한다. 고객의 말씀을 받아 적는 것도 정성을 들여서 해야만 한다. 그것이 고객을 대하는 마음의 표현이자 최선을 다하고자 노력하는 것이기 때문이다.

고객을 상대하는 사람에게 있어서 고객의 말보다 더 훌륭한 정보가 또 어디 있을까? 내가 오늘 고객으로부터 들은 말을 적어 둔 것이 계기가 되어 평생 고객이 될 수 있다고 생각해 보자. 그 경험을 해 본 사람이 또 다른 고객의 말을 적지 않고 흘려들을 수 있을까? 적는 자는 살고 적지 않는 자는 망한다. 그러니까 생존하고 싶으면 적자. 적어야 한다. 이것이 또 다른 '적자생존의 법칙'이다. 그리고 이 법칙은 단순히 고객을 상대하는 영업의 현장에만 해당하는 것이 아니다. 사람이 또 다른 사람을 상대하는 모든 인간관계에 통용되는 분명한 법칙인 것이다.

무조건 적어야 한다. 어제도 적고 오늘도 적고 내일도 적어라. 적어도 고객을 상대하는 당신에게 있어서 메모는 생존을 위한 선택이 아니라 필수다.

머리로 알지 말고
가슴으로 알아라

우리는 습관적으로 일단 눈에 들어오는 모습을 보고 무의식적으로 나도 모르게 내 마음대로 판단해 버리는 버릇이 있다. 고객을 대하는 데에 있어서도 가장 경계해야 할 것 중에 하나는 바로 이런 선입견이다. 사람의 겉모습을 보고 그 사람의 됨됨이를 판단해 버리는 것, 이보다 더 주의해야 할 것이 또 있을까?

겉모습만 보고 섣부른 판단을 하는 것은 판매하는 사람으로서 반드시 가장 먼저 버려야 할 나쁜 습관이다.

약 십여 년 전 백화점에서 학생복 행사를 할 때였다. 학생복은 상품 특성상 다른 행사와는 달리 짧은 기간 동안에 고객이 많이 몰리곤 하였다. 그 날도 저녁시간이 되어 폐점을 한 후, 정문 앞에서 퇴근을 하던 참이었다. 나이가 지긋한 아주머니 한 분이 백화점 앞에 뛰어 오셔서 사색이 된 표정으로 이렇게 물었다.

"혹시 지금 백화점에 들어갈 수는 없나요? 오늘 교복을 꼭 사야 하는데 죄송하지만 안 될까요?"

마침 그 자리에는 교복 행사 담당자 K씨가 서 있었고 나와 함께 아주머니의 얘기를 들었다. 나는 어렵겠다는 답변과 함께 내일 방문해 주십사 하고 정중하게 사과의 말씀을 드렸다. 그러자 옆에 있던 K씨는 짜증내는 표정 하나 없이 그 아주머니께 자초지종을 묻고 있는 것이 아닌가?

시장에서 장사를 하시는 분인데 아들 교복을 사 줘야 하는 날짜를 잊고 있었던 것이었다. 내일부터 당장 교복을 입어야 하는데 저녁시간이 되어서야 갑자기 생각나서 부리나케 달려 온 것이었다. 지금이야 할인점이 많이 생겨났고 밤늦게까지 판매하는 곳도 많지만, 당시에는 밤늦은 시각에 교복을 구입한다는 것이 쉽지 않은 상황이었다.

K씨는 직접 고객님을 모시고 다시 백화점 안에 들어가서 일일이 응대를 다 해주고 마지막 계산하는 순간까지 직접 도와 드렸다. 현장에 있었음에도 불구하고 나에게는 선뜻 이해하기 어려운 순간이었다. 내가 보기에는 이미 폐점 시간이 지났기 때문에 사과말씀과 함께 거절을 하더라도 무리가 없다고 생각되었기 때문이다.

교복이 들어 있는 쇼핑백을 들고서 연신 고개를 숙이며 고마워하고 있는 고객을 보면서 K씨는 흐뭇해하고 있었다. 고객이 떠난 뒤에 나는 투덜거리는 말투로 물었다. 아무리 그래도 본인의 일처럼 그렇게 즐거워 할 수 있느냐고 말이다. 그러자 K씨는 이렇게 대답했다.

"저희 어머니도 시골에서 장사를 하시거든요. 그리고 제 막내 동생도 이번에 고등학교에 들어갔습니다. 남일 같지가 않네요."

그렇다. K씨는 고객의 모습에서 자신의 어머니를 본 것이다. 눈으로 보고 머리로 생각한 것이 아니라 마음으로 바라본 것이다. 나는 이성적으로 판단하여 고객을 보는 순간에 이미 '안 됩니다.'라는 생각을 한 반면에 K씨는 고객의 모습에서 감성적으로 '가족'을 본 것이었다.

지난 생활을 되돌아 봤을 때 내 자신에 대해서 가장 부끄러웠던 순간이기도 하다.

머리가 아닌 가슴으로 고객을 대하는 또 다른 이야기가 있다.

가구 D브랜드의 이야기다. 어느 날 매장을 지나쳐 가는데 나이가 지긋한 고객 한 분이 앉아 있는 것이 보였다. 그 고객은 S매니저와 즐겁게 이야기를 나누고 있었다. 언뜻 보고 그냥 매장을 지나치려던 찰나 내 귀를 의심하게 만드는 말을 들었다. 고객님이 S매니저를 보고 '우리 딸, 우리 딸' 하는 것이었다. 그러자 매니저도 마찬가지로 '예, 엄마'라고 대답하는 것이 아닌가. 나는 실제로 그 매니저의 어머니가 매장을 방문하셨다고 생각했었다.

그런데 알고 보니 그 분은 실제로 어머니가 아니라 해당 매장에 자주 오시는 단골 고객님이셨다. 오래전에 병환으로 딸을 저 세상으로 보냈는데 그 딸의 모습과 S매니저가 어찌나 닮았는지 죽은 딸이 살아 돌아온 줄 알았다며 그렇게 좋아하셨다고 한다. 매니저 또한 일찍 어머니를 여의게 되어서 다시 어머니가 살아 돌아오신 것 마냥 좋아했다고 한다. 그렇게 두 분은 자연스럽게 인연이 만들어준 새로운 모녀관계가 되었다. 그 고객님이 매장에 오실 때마다 이런 대화가 이루어 진다.

"우리 딸 오늘 많이 팔았어? 표정이 밝은 걸 보니 그런 것 같은데?"

"아, 엄마. 이제 오셨어요?"

세상 어느 모녀의 모습보다도 아름다운 모습이다. 이들은 서로에게 굳이 말이 아닌 가슴으로 대화를 나누는 사이다.

눈에 보이는 것만 바라보고 세상을 살아간다고 한다면 이 세상은 얼마나 삭막할까. 세상에는 공기와 물처럼 눈에 보이지 않지만 생명체가 살아가는데 있어 반드시 필요한 것들이 의외로 많은데 말이다. 매장도 마찬가지다. 당장 내 눈앞에 보이는 것만 바라보고 고객을 상대한다면 언제까지나 1회성 판매밖에 할 수 없다. 내게서 구매한 고객은 다시는 나를 찾지 않게 될 것이 분명하기 때문이다. 처음 구매한 고객이 2회, 3회 나를 찾게 만드는 것, 그리고 평생을 함께 할 친구로서 나와의 관계가 지속되게 하는 것, 이것이 세일즈를 하는 사람의 입장에서 바라보는 진정한 의미에서의 인생 목표인 것이다.

가슴으로 말하는 방법에 대해서 브라이언 트레이시는 이렇게 언급했다.

"모든 구매결정은 감성적이다. 사실, '인간의 모든 결정은 감성적'이라고 봐도 무방하다. 사람들은 감성적으로 결정하고 이를 논리적으로 정당화한다는 것은 불변의 법칙이다."

사람들은 돈이나 숫자가 관련된 상황에서는 절대 감성적이어서는 안 되고 반드시 이성적이어야만 한다고 말한다. 하지만 그것은 정확한 표현이 아니다. 오히려 감성적인 부분이 훨씬 더 필요하다.

일본 교토에 있는 기요미즈테라(淸水寺)는 멋진 절경으로 유명한 사찰이다. 바로 이곳 앞에는 일본에서 가장 유명한 양념가게(七味屋, 시치미야)가 있다. 이곳 양념가게가 가장 유명한 이유는 '나쁜 품질의 상품은 절대로 판매하지 않기' 때문이다. 양념재료가 흉작이거나 품질이 떨어지면 아예 문을 닫았다고 한다. 이 가게는 약 350년이나 되는 역사를 자랑하는데 지금까지 1년씩 세 번 문을 닫았다고 한다.

'나쁜 물건을 파는 것보다는 차라리 가게 문을 닫는 것이 낫다.'

이것이 지금까지 내려오는 이 가게의 신조다. 그리고 무엇보다도 사람들에게 감동을 전해 주는 것은 이 가게의 사훈(社訓)이다.

'손님이 사서 기쁜 상품, 손님이 사서 행복한 상품을 팔아라.'

이 가게에 대대로 이어져 오는 주인은 상품의 품질과 고객만족에 대해서는 목숨만큼이나 중요하게 여겼던 것이다. 일본이나 우리나라나 마찬가지겠지만 양념이라고 하는 것이 할인점이나 동네 시장을 가도 손쉽게 구할 수 있다. 어찌 보면 '그깟 양념 따위'라고 대수롭지 않게 생각할 수도 있다. 하지만, 이 양념가게(시치미야)는그 양념에 혼을 담아서 무려 350년이 넘도록 지켜오고 있는 것이다. 그것이 바로 내가 판매하는 상품에 대한 자부심이자 진실된 마음으로 고객을 먼저 생각하는 마음이다.

이처럼 고객을 대할 때는 반드시 이성적으로 생각해서는 안 된다. 고객은 단순히 무언가를 팔기 위해서 다가서는 사람에 대해서는 본능적으로 알고 느낀다. 그리고 철저하게 그들에게는 반응하지 않으려고 노력한다. 고객은 단순히 호의적인 사람들. 마치 내 주위 이웃과 같은 사람들의 태도로 다가서는 사람들에게 반응을 보이게 되어 있다.

결국 중요한 것은 판매자의 의도이자 태도. 모든 것의 중심은 상품을 판매하고자 하는 사람의 태도에 달려 있다. 진정으로 고객을 먼저 생각하는 사람은 결코 상품에 대한 이야기를 먼저 꺼내지 않는다.

서비스를 파는 남자

그들은 고객에 관한 이야기를 먼저 꺼내고, 설사 고객이 반응을 보이지 않더라도 결코 흔들리는 경우가 없다. 그들에게 있어서 고객은 지금이 아니라 다음 번, 1년 후, 10년 후에 오더라도 고마워하는 마음을 가지려고 노력한다. 그런 태도를 가진 사람만이 진정으로 고객이 원하는 상품을 제안할 준비가 되어 있는 법이다.

고객을 대할 때에는 반드시 이것을 알아야 한다.
'생각은 머리로 하되 가슴으로 먼저 다가서라.'

서비스에는 결코 백 점짜리 정답이 없다. 서비스는 내가 채점하는 것이 아니라 고객이 채점하는 것이기 때문이다.

서비스는
항상 현재형이다

우리가 이 순간 무엇을 해야 하는지 알기만 한다면
바로 지금이 가장 좋은 시간이다.

- 랄프 왈도 에머슨

A : 어제 오셨던 고객님은 정말 대단하셨어요. 상품에 대해서 별로 물어보지도 않으시더라고요. 그냥 간단하게 설명만 했을 뿐인데 ○○만원씩이나 구매하셨답니다. 매일은 아니더라도 종종 이런 분들만 계셨으면 정말 원이 없겠어요. 편하게 장사할 수 있어서……

B : 저도 그래요. 작년 실적을 보면 비교적 큰 손이라고 할 수 있는 고객님들이 좀 계셨는데 갈수록 보기가 힘들어졌어요. 경기를 타도 너무 타는 거 같아요. 그렇다고 매번 저가 제품만 팔아서는 입에 풀칠하기도 쉽지 않은데, 백화점에서는 뭐 좋은 방법 없나요?

매장 매니저들과 차 한 잔을 하면서 이야기를 나누다 보면 너무도 자주 듣게 되는 유형의 대화다. 하지만, 그 안에서도 자세히 들여다보면 각자 개인별로 관점의 차이가 크다는 것을 느낄 수 있다. 평소에 아무리 고객이 없다 하더라도 일단 그 매장에 들어선 고객은 절대로 그냥 보내지 않는 사람도 있다. 처음 오는 고객의 단 한 번의 방문에도 그 고객을 위해서 최선을 다하는 사람과, 그저 하루하루 변화 없이 그렇게 막연하게 보내는 사람과의 차이를 알 수 있다. 아주 작지만 바로 그 차이로부터 모든 것이 바뀌는 것이다. 그 차이는 바로 고객에 대한 '몰입'이다. 내가 지금 내 눈앞에 있는 고객에게 얼마나 최선을 다하는지에 따라 '구매'와는 상관없이 나에 대한 고객의 생각이 바뀌는 것이다.

예전에 본 영화중에 '300'이라는 영화가 있다. 300명밖에 안 되는 스파르타의 전사들이 '테르모필레 협곡'에서 페르시아의 백만 대군에 맞서 싸우는 액션영화다. 수적으로 결코 상대가 되지 않는 무모한 규모에 불과하지만 이들이 좁은 협곡을 전투의 장소로 택한 이유가 있다. 그것은 아무리 많은 적도 그 좁은 협곡을 빠져나오려면 결국 한 줄로 나올 것이기 때문이다.

매장에서의 상황으로 생각해 보면 내가 만나는 고객들이라는 막연한 군중을 볼 것이 아니라 지금 내 앞에 있는 단 한사람 고객에게 진심을 다해야 한다는 것을 뜻한다. 내 앞에 아무리 많은 고객이 지나고 결국 내가 상대해야 하는 고객은 단 한 명, 지금 바로 내 앞에 있는 고객뿐이다. 지금 이 순간 내 앞에 있는 고객에게 최선을 다하지 않는다면 이 후에 방문하는 고객과의 결과는 아무 소용이 없는 것이다.

"나는 군중을 보고 행동하지 않습니다. 나는 단 한사람을 보고 행동합니다."

바로 마더 테레사가 한 말이다.

'아무리 고객이 없더라도 오늘 단 한 명은 반드시 내 매장에 오게 되어 있다. 나는 그 한 명에 대해서 내 모든 것을 다해서 응대하리라.'

바로 이런 의지와 열정만이 준비된 모든 것을 보여줄 수 있다. 『현장이 답이다』라는 책에 보면, 현재라는 시간의 중요성과 이를 대하는 자세에 대해서 이렇게 설명했다.

"성공도 실패도 전부 진행 중에 있다. 진행 중이기 때문에 이것을 실패라고 단정하는 것은 의미가 없다. 즉 실패도 성공도 언제나 '현재 진행형'이라고 생각하면서, 그때마다 실패가 확정된 결과라고 생각하지 않는 것이 중요하다. 그렇게 하면 넓은 시각으로 실패를 상대화하는 것이 가능해지고 또한 냉정하고 유용한 대응책을 내놓을 수 있게 된다."

핸드백 매장 경력 8년차 'O' 매니저의 경우를 살펴보자. 그녀는 구매를 한 고객에게나 구매하지 않고 그냥 매장을 떠나는 고객에게나 한결같이 그녀가 가진 최고의 미소를 띠면서 적극적으로 배웅인사를 한다. 어쩔 때는 구매하지 않을 것 같은 고객을 응대하느라 정작 구매할 것이 확실한 고객을 놓치는 경우도 있었다.

"경력이 어느 정도 되고 나면 '이 고객은 구매할 것이 확실하다'라는 느낌이 드는 것은 분명합니다. 하지만 하루 이틀 일할 것도 아닌데 고객을 대하는 내 태도가 바뀐다면 그런 사람을 보는 고객의 마음은 어떨까요? 선 그 생각이 먼저 들었습니다."

구매와 상관없이 지금 당장 내 눈앞에 있는 고객에게 최선을 다한다. 그것이 'O' 매니저의 꾸준한 영업실적의 비결인 것이다.

"방금 전의 고객에게 팔았느냐 못 팔았느냐가 중요한 것이 아닙니다. 중요한 것은 내가 방금 전의 고객에게 팔지 못했을 경우 '그 상황을 잊었느냐 잊지 못했느냐'입니다."

'O' 매니저의 답변 중 최고의 걸작은 바로 이것이다. 사람 마음은 다 똑같다. 수십 번 똑같은 말을 반복해서 말하였는데 구매로 이어지지 못했다면 얼마나 기운 빠지는 일이겠는가? 그렇지만 방금 전의 상황을 완벽하게 잊어버리고 다시 새로운 마음으로 고객을 대할 수 있는 태도. 우리에게 가장 필요한 것은 바로 이렇게 방금 전의 안 좋았던 기억은 완전히 잊어버릴 수 있는 습관이다.

실제로 매장 업무라고 하는 것은 일이 특성상 매일 비슷한 업무가 반복될 때가 많다. 판매상품의 주문. 상품이 입고되고 나면 창고 또는 매장에서 상품 정리. 청소 및 상품의 진열. 마치 그제가 어제 같고 어제는 또 오늘 같은 것이다. 하지만 그렇다고 해서 '어제 했으니까 오늘은 패스' 이렇게 쉽게 지나쳐버리고 흘려버릴 수 있는 일은 단 하나도 없다. 어제 대청소를 했다고 해서 오늘 먼지가 없는 것이 아니다. 먼지는 하루에도 수십 번 청소를 해도 쌓이는 것이 먼지다. 누가 완벽하게 청소를 했느냐가 중요한 것이 아니라 누가 먼지가 앉을 틈을 주지 않을 정도로 관리를 잘 하느냐가 중요한 것이다. 지금 이 순간을 어떻게 보내느냐에 따라 내가 있는 매장을, 그리고 나를 보는 고객의 눈빛 또한 달라진다.

지나간 과거는 되돌릴 수 없다고 후회만 하는 사람이 있다. 그렇지만 이런 생각은 틀렸다. 분명히 지나간 과거도 되돌릴 수 있다. 그것은 현재에만 가능하다. 똑같은 실수를 되풀이하지 않으려면 과거의 실수를 분명히 기억하고 현재에 충실해야 한다. 비슷한 상황을 슬기롭게 극복한다면 내 마음속의 안 좋은 과거는 벌써 극복한 것이 되는 것이다.

에크하르트 톨레는 그의 저서 『지금 이 순간을 살아라』에서 현재의 중요성에 대해서 이렇게 표현하고 있다.

"당신이 현실에서 해결해야 하고 대처해야 하는 것은 바로 '이 순간'입니다. 내년이 아니고 내일도 아니고 지금으로부터 5분 후가 아닌 지금 이 순간 당신이 갖고 있는 문제가 무엇인지 스스로 물어 보십시오. 현재에 대처할 수는 있지만 미래에 대처할 수는 없으며 그래야 할 필요도 없습니다. 기다림이란 마음의 상태입니다. 그것은 근본적으로 현재를 원하지 않고 미래를 원한다는 의미입니다. 자신이 갖고 있는 것을 원하지 않으며 갖지 못한 것을 원하는 것입니다."

천호식품의 김영식 회장은 오늘의 중요성에 대해서 "어제는 부도난 수표. 내일은 언제 부도날지 모르는 약속 어음. 오늘은 현찰이다."라고 말했다.

마찬가지로 내가 할 수 있는 것은 바로 지금 이 순간뿐이다. 준비된 사람만이 지금을 활용할 수 있다. 지금은 영어로 하면 "NOW"다. 그리고 이를 거꾸로 순서를 바꾸면 "WON"이 된다. 즉, 지금이 바로 돈이라는 얘기다. 지금이라는 시간과 기회는 곧 돈이라는 뜻이다.

"세상에서 가장 중요한 때는 바로 지금 이 순간이고, 가장 중요한 사람은 지금 함께 있는 사람이며, 가장 중요한 일은 지금 내 곁에 있

서비스를 파는 남자

는 사람을 위해 좋은 일을 하는 것이다."

세계적인 대문호 톨스토이가 한 말이다. 나는 이 글을 보면서 내 입장에서 이렇게 말하고 싶다.

"나에게 있어 가장 중요한 사람은 눈앞에 있는 고객이고, 가장 중요한 일은 그 고객을 만족시키는 것이다. 그리고 그 시간은 바로 지금이다!"

서비스에는 과거형이 존재하지 않는다. 과거형은 결과를 뜻하고 결과는 끝난 것을 말한다. 서비스는 고객만족을 위해서 항상 노력하는 과정이다. 그래서 서비스는 항상 '현재 진행형'이다.

이미 죽은 과거와는 결별하라. 미래는 아직 태어나지도 않았다. 그러니, 우리 눈앞에 있는 현재를 들여다보자!

최고의 상품은
가격이 아니라 가치로 말한다

똑같은 상품일지라도 그 상품을 누가 언제 어떤 상황에서 필요로 하여 구입하는지에 따라서 그 상품이 지니는 가치는 매우 다르다. 다시 말해서 상품을 구입할 때 지급한 절대적 가치는 같을지 몰라도 구입한 사람의 입장에 따라서는 상대적인 가치를 지닌다는 뜻이다.

매일 먹는 한 끼의 식사일지라도 그것이 군 입대를 앞두고 있는 자식과의 식사라면 그 식사가 어떤 의미일까? 멀리 해외 근무를 위해서 떠나기 전에 가족끼리의 마지막 식사라면 그 가치는 얼마일까? 이처럼 선물의 의미 또한 사람마다 중요성의 가치는 차이가 크다.

백화점에서 근무하다 보면 혼수 고객을 자주 접하게 되는데, 사돈어른에게 보내는 선물이라든가 예단과 같은 상품은 단순히 가격의 차이를 떠나서 일생에서의 그 중요도 또한 매우 높다. 그러니 한 사람의 일생에서 결혼이 지니는 의미는 얼마나 중요한지는 더 이상 말

서비스를 파는 남자

로 설명할 필요가 없을 정도다.

백화점에 입사한 지 얼마 되지 않았을 때였다. 1층에 가면 일명 명품이라고 하는 브랜드가 즐비하다. 아직 백화점 생활에 적응을 못해서인지 왠지 그 앞에만 지나면 내가 있으면 안 되는 곳 같은 느낌 비슷한 어색함이 나를 붙잡았다. 그때 해당 부서에서 근무하던 선배와 잠시 동안 이야기를 나누었다.

"진짜 부자는 어떤 상품을 사는지 한 번 맞춰 봐!"

"음, 일단 비싼 거 아닐까요?"

"땡! 그냥 비싼 거라고 하면 답이 아니지. 아마 정답을 알아내려면 꽤 시간이 걸릴 거야."

당시에는 웃어넘겼지만 실제로 꽤 오랜 시간이 지나고 나서야 어설프게나마 나는 그 답을 알게 되었다.

진정한 부자는 비싼 상품을 사는 것이 아니라 자기가 지불한 금액보다 더 높은 가치가 있다고 생각되는 상품을 산다. 남들이 보기에 턱없이 비싸 보이더라도 능히 그 값어치를 할 상품이면 사는 것이다. 그렇다고 그런 부자들이 싼 건 안 살까? 절대 아니다. 부자들은 값이 싼 것도 잘 산다. 단, 마찬가지로 지불한 가격 대비 가치를 명확하게 따져 보고 산다. 오히려 늘 돈이 부족하다고 생각하는 사람들이 자신이 가진 돈에 맞춰서 상품을 사려고 하는 법이다. 아쉽지만 아쉬운 대로 내가 가진 돈을 먼저 생각한다. 그렇기 때문에 속으로는 부자들이 사는 상품을 부러워하면서도 겉으로는 짐짓 태연해 하고 명품을 사치품이라고 말한다.

심리학자이자 작가인 최인철 교수는 그의 베스트셀러『프레임』에서 이렇게 이야기하고 있다.

"진정으로 지혜로운 부자들은 돈의 절대 액수를 중요시하기 때문에 상대적 비교에 따른 푼돈이란 이름을 거부한다. 그래서 그들은 수백억을 가졌음에도 100원짜리 하나도 소중히 여기지만, 상대적 가치 프레임에 빠져 있는 사람들은 콩나물 값을 깎을 때는 100원을 귀하게 여기다가도 10만 원짜리 물건을 살 때는 100원을 하찮게 여겨 깎으려고도 하지 않고, 혹시나 100원을 깎아준다고 하면 오히려 기분 나빠한다."

다시 말해 명품을 단순히 가격만 비싼 '사치품'으로만 볼 게 아니라 '가치품'이란 관점에서 바라볼 필요가 있는 것이다.

우리가 알고 있는 최고급 명품이라고 하면 많은 사람들이 '루이○○'이라든가 '샤○', '프라○'와 같은 브랜드를 언급한다. 당연히 그만큼 가격 또한 여느 브랜드 상품보다 꽤나 높고 그 수량 또한 현저하게 적어서 희소성의 가치를 지닌다. 이런 제품들은 가격만 비싸다고 해서 절대로 명품이 아니다. 명품은 말 그대로 제조에 있어서도 기나긴 역사를 자랑하는 '장인 정신'이 깃들어 있기 때문에 가치가 높다. 이런 제품들은 단순한 제품을 뛰어넘는 일종의 '작품'과도 같은 가치를 지니는 것이다. 명품이 가진 진정한 의미의 가치는 이런 장인정신에서 비롯되는 것이다.

내가 판매하는 상품이 가지는 그런 물질적 의미의 절대적 가치는 비록 명품까지는 아닐 수도 있다. 단순히 소가죽 몇 조각, 쇠 덩어리 조각 몇 개, 플라스틱 덩어리, 또는 비닐 몇 장 이런 물리적인 가치를 따져봐야 얼마나 되겠는가? 다만 중요한 것은 그 상품이 고객에게 전달되어서 어떻게 쓰일 것인지, 어떤 상황에서 사용될 것인지를 생각해 보고 정성을 쏟을 때에만 진정한 가치를 발휘할 수 있는 법이다.

박용후 작가는 그의 저서 『관점을 디자인하라』에서 명품에 대해서 다음과 같이 말했다.

"나는 바로 이런 것이 명품이라고 생각한다. 내가 얼마를 지불하든, 지불한 값보다 물건에 대한 만족감이 더 큰 것, 보통 사람들이 생각하면 의문도 갖지 않을 사소한 것에도 최선을 다하는 제품, 다른 물건으로는 대체될 수 없는 물건 말이다."

그렇다면 '이런 명품을 취급하는 사람은 어떤 사람들이어야 하는가?' 하는 의문이 든다. 여기서 중요한 것은, '누가 그 상품을 취급하는가?'와 '그 상품을 어떤 마음을 가지고 취급하는가?'이다. 당장, 상품을 판매해야 하는 판매자 입장에서 단순히 길거리 아무 데서나 볼 수 있는 하찮은 상품을 취급하듯이 한다면 엄청난 문제가 될 것이다. 구입하는 고객 앞에서는 그렇지 않다고 하더라도 그 사람과 상품의 연은 절대로 오래가지 못할 것이 불을 보듯 뻔하기 때문이다.

실제로 명품 브랜드에서 고객을 응대할 때는 중요한 마음가짐이 있다. 그것은 브랜드가 명품이면 그 상품을 판매하는 사람도 명품이어야 한다는 것이다. 그리고 그 사람 스스로가 명품이라는 가치를 스스로에게 부여할 수 있어야 한다. 직원이 명품이면 솔직히 아무리 값싼 상품일지라도 그 상품은 충분히 명품의 가치를 지닐 수 있다. 고객은 일단 브랜드를 본다. 그 다음 상품을 보고 가격을 본다. 하지만 정작 그 상품을 판매하는 직원이 기대 이하라면 절대로 상품을 구매하지 않는다. 지금과 같은 시대에는 웬만하면 다른 유통경로를 통해서 얼마든지 구입할 수 있기 때문이다. 가격이 비싸고 싸고를 떠나서 고객이라면 누구든지 명품 직원의 응대를 받고 싶어 하기 때문이다.

흔히들 '고객은 왕이다'라고 생각하고 또 그렇게들 말한다. 그렇다면 그 왕을 대하는 나는 어떤 사람인가? 고객이 왕이라고 해서 내가 신하라든가 노예일 수는 없는 것이다. 오히려 나 자신도 '왕'이 되어야만 한다. 왕은 왕을 알아보고 서로 가까이 하고자 하기 때문이다.

'우리는 신사숙녀를 모시는 신사숙녀.' 이것은 리츠칼튼 호텔에서 내세우는 그들만의 차별화된 철학이다. 진정으로 신사숙녀를 모시는 사람은 그 역시 그 정도로 수준이 높아야 한다는 것을 뜻한다.

예전에 내가 근무하던 매장에 지금은 많은 사람들이 명품이라고 부르는 A브랜드가 있었다. 여기서 근무하는 'N' 매니저는 매출에도 상당히 기여도가 높았고, 고객응대 또한 잘하는 편이었다. 어쩌다 이 브랜드에 클레임이라도 접수되면, 매장이 항상 바쁘기도 하거니와 평소에 고객응대를 잘하던 직원이어서 혹시 무슨 오해가 있었나 하고 생각했었다.

하지만 최근 들어 지속적으로 불친절하다는 얘기가 들려오는 것이었다. 이상하게 생각된 나는 그날부터 유심히 며칠간 B의 고객응대를 지켜보았다. 아니나 다를까 분명 예전과는 다른 문제가 있었다. 브랜드 인지도가 올라갈수록 매장 입점 고객이 급격히 늘어나다 보니 실제로 구매하지 않더라도 구경차 들르는 고객 또한 급격히 늘어나는 것이었다. 인원은 한정되어 있는데 상대하는 사람이 늘어난 것

서비스를 파는 남자

이다. 그러다 보니 안 살 것 같은 사람이 들어오면 B는 어림짐작으로 판단해서 '대충' 응대를 하는 것이었다. 그리고 실제로 구매하려고 온 고객의 입장에서는 매니저의 이런 태도에 대해서 매우 불쾌하게 느끼는 것이었다. 나는 그날 저녁 N매니저와 오랜 시간에 걸쳐서 고객을 대하는 태도와 관련하여 상담을 하였다.

"브랜드가 명품이라면 직원도 명품이어야 합니다. 단, 여기서 명품이라는 말은 고객을 내려다본다는 의미의 명품이 아닙니다. 상품이 지닌 가치가 높으면 매니저 또한 그 가치에 맞는 응대를 해야 합니다. 그리고 그 가치를 고객에게 전해주는 입장이 되어야 합니다."

진작부터 머리로는 알고 있던 내용이 정작 내 입을 통해서 전달되었을 때 N매니저는 고개를 숙이고 있었다. 마음속으로 울고 있었던 것이다. 이 일이 있은 후 본인의 자세에 대해서 크게 깨달았고 다시 예전의 밝은 모습으로 돌아가 훨씬 더 열심히 일하게 되었다.

이 일은 그 직원에게만 깨달음을 준 것이 아니었다. 정작 이 경험에서 큰 깨달음을 얻은 건 나 자신이었다. '나는 지금 내가 하는 일에 얼마나 자부심을 가지고 일을 해 왔을까? 내가 지금 하고 있는 일을 얼마나 좋아서 하고 있는 것일까?'에 대해서 나 스스로가 진지하게 생각해 보는 계기가 된 것이다. 지금 내가 하고 있는 일에 대해서 진지하게 생각해 보아야 한다. 내가 일단 나 스스로 하고 있는 일에 만족하고 진심으로 일을 대하지 않으면서 매장에서 근무하는 직원에게 당신은 그래야 한다고 말을 할 수 있을까?

고객이 구매하는 것은 상품의 값이 아니다. 고객은 그 상품이 가진 내면의 이미지. 즉, 가치를 구매하는 것이다. 현재 돈을 주고 상품을 구입하지만 고객은 그 상품이 자신에게 줄 수 있는 '미래가치'를 생각하고 구입하는 것이다.

옷 한 벌을 산다는 것은 '주위 사람들의 시선'을 구입한 것이다. 자동차를 산다는 것은 '가족과의 화목한 여행' 또는, '편리하고 쾌적한 출퇴근'을 구입한 것이다. 고기나 생선을 산다는 것은 '온 가족이 다 함께 먹는 사랑'을 구입한 것이고, 운동화를 산다는 것은 '언제까지나 유지하고 싶은 나의 건강'을 구입한 것이다.

이렇듯 우리가 취급하고 있는 상품은 단순히 그 하나의 상품이 아니다. 그 상품이 줄 수 있는 이미지, 미래가치를 지닌 것이다. 그리고 고객은 나에게 '가치'라는 이미지를 요구하는 것이다. 그러니 한 번 더, 그리고 좀 더 깊이 있게 생각해 보자. 내가 고객에게 줄 수 있는 '가치'는 무엇인가 진정으로 고민해 보아야 할 때다.

품질 좋은 상품이 있어야 하고(品格), 훌륭한 직원이 있어야 하며(人格), 이 둘이 조화를 이룰 때 그곳은 멋진 곳(店格)이 된다. 바로 이것이 우리가 추구해야 할 삼격(三格)이다.

서비스를 파는 남자

성공과 실패는
딱 한 끗 차이다

성공과 실패는 종이 한 장의 차이이다.
그런데 그것이 무엇으로 결정되느냐 하면
어려움을 당하여 중단하느냐, 아니면 그대로 밀고 나가느냐,
이것으로 판가름 난다고 본다.

- 폴 마이어

성공과 실패의 차이를 가늠해 본다면 얼마나 차이가 있을까? 누구는 결과론적으로 말해서 하늘과 땅 차이라고 말할 수도 있을 것이고, 누구는 단순하게 별 차이가 없다고 말할 수도 있을 것이다. 사람에 따라 다르겠지만 나는 그 차이가 눈으로도 구분할 수 없을 정도로 딱 한 끗 차이라고 생각한다. 다만 그 한 끗 차이를 극복하지 못해서 대부분의 사람들이 실패를 하게 되는 것이다.

여기 세 부류의 사람이 있다. 첫 번째는 자기가 무엇이 부족한지를 모르는 사람이다. 두 번째는 자기의 부족한 부분을 채우려고 하지 않는 사람이다. 그리고 마지막 세 번째는 자기의 부족한 부분을 분명히 알고 끊임없이 채우려고 노력하는 사람이다. 우리는 이 셋 중에 어느 쪽에 가까운 사람인가? 중요한 것은 부족한 부분이 무엇인가가 아니라, 그것을 채워 넣으려고 하는 노력, 즉 열정이 있는가, 없는가의 차이다. 그렇다면 이제는 당장 부족한 방법을 찾아서 개선해야 할 시간

이다. 무엇부터 해야 할까? 너무 어렵게 생각하지 않아도 된다. 아주 간단하지만 가장 확실한 방법이 있다.

그 무엇보다 아주 작은 기본적인 것부터 제대로 할 줄 알아야 한다.

얼마 전 식구들과 함께 방송에도 나온 적이 있는 유명하다는 맛집을 찾아간 적이 있다. 워낙 잘 알려진 데다가 맛도 좋다고 소문이 자자했다. 게다가 모처럼 처가 식구들까지 모시고 가는 날이었고, 그날 따라 날씨까지도 매우 화창했다. 온 식구들이 기분 좋게 점심 한 끼를 먹으려고 왔는데 사람이 엄청나게 많았다. 간신히 자리를 잡고 앉아서 주문을 하려던 참이었다. 직원 한 명이 쟁반에 컵을 가져와서 아무 말도 없이 내려놓고 가는 것이었다. '바쁘니까'라는 생각으로 이해하고 넘어갔다. 컵을 하나 손에 집어 보니 플라스틱 컵인데 설거지가 제대로 되어 있지 않았다. 게다가 컵 숫자까지도 식구 수에 비해서 턱없이 부족했다. 다시 직원을 불러서 지저분한 컵은 바꾸고 부족한 컵은 그 숫자대로 받았다.

하지만 한 가지가 마음에서 멀어지기 시작하니 식사시간 내내 영찝찝한 것이었다. 아니나 다를까 식사를 마치고 나오니 식구들 모두가 그 식당에 대해서 불만이 많았다. 지저분하고 불친절하고 맛도 없다는 데 의견이 일치하였다. 처음부터 그 식당이 그랬는지 아니면 입소문을 타고 맛집으로 알려지고 나서부터 그랬는지는 모르겠으나, '하나를 보면 열을 안다'고 그 작은 컵 하나가 그 식당 전체를 말해주는 것 같았다. 식당에서 돌아오는 차 안에서 내 자신을 돌아보게 되었다. '과연 내가 근무하는 매장은 어떨까? 내 매장도 저런 작은 '컵' 하나가 있지는 않을까?'

"가장 낮은 단계에서의 가장 기초적인 일에 충실할 때 보잘 것 없는 사소함에 주의를 기울일 때 큰 성과를 낼 수 있다. 작은 공로에 대해 칭찬을 아끼지 않을 때 조직의 분위기를 밝게 할 수 있다. 정말 보잘 것 없어 보이지만 중요한 것에 대해 최선을 다하고 있는가? 대수롭지 않은 것이라고 함부로 대함으로써 다른 이에게 큰 상처를 주고 있지 않은가? 나는 이렇게 제안한다. 낮은 데로 임하세요. 그곳에 성공이 있습니다."

경영의 대가 톰 피터스가 디테일의 힘에 대해서 설명한 말이다.

인간과 침팬지는 전혀 다른 동물이다. 하지만 생물학적으로 들여다보면 같은 존재라고 해도 과언이 아니다. 인간과 침팬지의 유전자는 약 99퍼센트가 같다고 한다. 단지 약 1%만 다른 것이다. 정말 작은 차이다. 그런데 이 차이로 인해서 인간과 침팬지로 분류되는 것이다. 이 1퍼센트의 차이가 정말 작은 차이일까? 이것이 디테일이다. '악마는 디테일에 숨어 있다'라는 말이 있듯이 그만큼 작은 것이 가진 의미는 결코 작지만은 않다. 오히려 작은 것이 훨씬 더 큰 것이다. 그 작은 차이가 결국에는 큰 차이를 만들어 낸다. 시소는 아주 작은 무게 차이만으로도 한쪽으로 기울어지게 되어 있다. 아무리 작은 차이라도 그 차이는 명확하다. 한 번 기울어진 시소는 스스로는 절대 균형을 맞출 수 없다. 여기서의 '작고 사소한' 차이가 가지는 힘은 결코 '작고 사소하지' 않다. 오히려 크고 웅대하다. 작은 것은 눈에 보이는 크기가 작은 것이지 그것이 의미하는 핵심 가치는 매우 큰 것이다.

전 세계 테마파크에서 부동의 1위이자 '서비스' 하면 우선적으로 떠오르는 곳으로 우리는 '디즈니랜드'를 최우선적으로 손꼽는다. 이런 명성에 걸맞게 디즈니랜드는 고객의 입장에서 아주 작은 부분까지 디테일하게 생각하는 것으로도 유명하다. 다음은 디즈니랜드에서 어떻게 고객을 생각하는지를 설명하는 내용이다.

"디즈니랜드에 있는 인도는 90도로 꺾이는 경우가 없습니다. 교차 지점에서 인도는 모두 곡선으로 되어 있습니다. 사람들의 편의와 걷는 방식을 고려해서 디자인했기 때문이지요. 놀이공원에서 사람들은 보통 특별한 목적 없이 이리저리 거닐게 되는 경우가 태반입니다. 행진을 하는 것이 아니라요. 여기 이 곡선으로 된 인도는 그러한 도보 패턴을 반영하고 있지요.

메인 스트리트에 있는 모든 상점들은 아이들을 염두에 두고 디자인되었습니다. 건물의 모든 창문은 키 작은 꼬마 손님이라도 쉽게 내부를 들여다볼 수 있게끔 낮은 위치에 달려 있죠. 까치발로 힘들게 올려다 볼 필요가 없습니다. 월트 디즈니는 디즈니랜드의 공사가 진행 중일 때부터 아이들의 시각에서 모든 것을 바라보려고 했습니다."

『디즈니 유니버시티』중에서

웬만해서는 상상조차도 할 수 없을 정도의 수준이다. 이 정도 완벽함을 기하고자 노력하기 때문에 오늘날의 디즈니랜드라는 왕국이 건재하는 것이 아닐까?

실제로 매장에서 가장 장사를 잘하는 사람의 공통점은 아주 작은 상품이라도 최선을 다해서 판매를 하는 것에 있다.

"비싸고 좋은 상품을 팔면 좋다는 것을 누가 모르겠습니까? 하지만 작고 저렴한 상품일수록 더 정성들여 설명해 드려야 합니다. 작고 보잘 것 없어 보이는 상품이라고 해서 대충 설명하게 되면 그 고객은 다시는 만나지 못하게 됩니다. 아니 만나더라도 나에게서 상품을 구매하지는 않겠지요. 비싸고 좋은 상품은 고객 또한 기대치가 높기 때문에 직원의 응대 태도에 대한 기대 또한 매우 높습니다. 그만큼 노력해야 합니다. 하지만 작고 저렴한 제품에 대해서 최선을 다한다면 고객은 감동 받기 쉽습니다. 근무기간이 길어질수록 가장 가슴에 와 닿는 경험이 바로 이것입니다."

이것이 최선을 다해 고객을 대하는 베테랑 매니저의 답변이다.

마케팅 용어 중에 '하인리히의 법칙'이라는 말이 있다. 이 말은 다시 말해 '1:29:300의 법칙'이라고도 부른다. 한 번의 대형 사고가 발생하였다고 한다면 그 전에 이와 비슷한 사고가 스물아홉 번이 발생했고, 이미 약 삼백 번의 징후가 발견되었다는 것을 뜻한다. 우리는 재난이라고 부를 정도의 한 번의 사고가 있기 전에 스물아홉 번의 유사 사고와 삼백 번의 징후를 스쳐지나가면서 지내고 있는 것이다.

평소에 우리는 매일 습관적으로 하는 일들에 대해서 작은 경우는 대수롭지 않게 생각할 때가 있다. 매일 하는 청소라든가, 상품의 입고상태 확인, 택배 발송 상품의 확인 등이 그렇다. 하지만 늘 그렇게 해오던 습관 속에 바로 함정이 있다.

'항상 그렇게 해왔으니까, 오늘도 별 일 없겠지.'

'오늘 무슨 특별한 일이 생기겠어?'

이렇게 생각하고 일을 처리하는 순간 생각지 못한 큰 일이 생기는 것이다. 당연히 왔어야 할 상품이 입고가 되지 않는다든가, 내일인 줄 알고 있었던 고객과의 약속일이 어제였다는 것을 알게 되거나 하는 상황이 그렇다. 고객을 대하는 데 있어 아주 작은 실수 하나는 별 것 아니라고 생각할 수도 있다. 하지만 그 실수 한 번이 결국 그 고객을 다시는 오지 않게 만드는 것일 수도 있고, 그로 인해서 그 고객이 알고 지내는 수십 명, 수백 명의 고객 또한 다시는 내가 근무하는 매장에 오지 않게 만드는 것일 수도 있다.

마찬가지로 기상학에는 '나비효과'라는 이론이 있다. 나비 한 마리의 날갯짓으로 말미암아 대륙 건너편에는 태풍이 발생할 수도 있다는 것이다. 어떻게 작은 나비 한 마리가 태풍을 만들어낸다는 것일까? 구두 밑창에 들어가 있는 작은 돌멩이 하나가, 끝이 미세하게 부러진 손톱이, 그리고 눈에 들어간 눈썹 한 가닥 때문에 온통 신경이 쓰여서 아무것도 하지 못할 경우가 종종 있다. 중요한 것은 이렇게 아주 작은 것에서부터 시작된다는 뜻이다. 내가 하는 나비의 날갯짓 하나가 아주 작은 친절함이라면 그로 말미암아 고객은 수십 배, 수백 배의 또 다른 고객으로 나타날 수도 있고, 반대로 아주 작은 불친절함이라도 그로 말미암아 고객 수십 명, 수백 명이 더 이상 나를 찾지 않게 될 수도 있다.

고객 맞을 준비를 하는 법, 고객을 응대하는 법, 떠난 고객을 다시 돌아오게 하는 법, 이 모든 것들이 대단한 마법이 있어야 가능한 것은 아니다. 돌아보면 아주 시시할 수 있는 작고 사소한 것에서 시작한다. 다만, 그 사소함을 어떻게 바라보고 대처하는가에 따라 결과는 천지차이로 달라질 수 있다. 무엇보다도 가장 중요한 것은 디테일한 기본에 달려 있다. 어제 했던 일일지라도 오늘 또 해야 한다. 아무 변화가 없어 보이더라도 그냥 넘어가지 말고 반드시 실천해야 한다. 눈 감고도 할 수 있을 정도로 이런 습관이 몸에 자연스럽게 배어 있다면 우리는 이제 곧 성공의 차선으로 갈아타게 될 것이다.

딱 한 곳만 더 잘하면 성공할 수 있다. 항상 그 딱 한 곳이 문제다. '나는 고객에게 득이 될 것인가, 아니면 독이 될 것인가?' 점 하나의 차이는 크다.

99%는
절대 100%가 아니다

때때로 우리가 작고 미비한 방식으로 베푼 관대함이
누군가의 인생을 영원히 바꿔 놓을 수 있다.

- 마거릿 조

앞에서는 보이지 않을 정도의 작은 차이가 결코 작지 않다는 것을, 그리고 고객은 그 작은 차이에 대해서 더욱 크게 반응한다는 것을 말했다.

실제로 스포츠 경기에서 마지막 골인지점에 들어올 때에 0.001초를 다투는 그 순간의 중요성에 대해서 얼마나 많은 사례를 보아 왔던가? 스케이트의 경우 칼날 하나 차이로 메달의 색깔이 바뀌게 되고, 100미터 달리기와 같은 경우 수십 년 동안 0.001초를 단축하기 위해서 사람들은 달려왔다. 그러한 결과의 차이를 나타내는 것이 바로 '나의 생각'에서 비롯된다는 점이다.

'고객을 대하는 데 있어서 끝이라고 할 수 있는 순간은 언제일까?'

이렇게 실문을 한다면 십중팔구 상품의 판매가 완료되있을 때라고 답하기 쉽다. 처음 만나서 인사를 하고, 디자인, 사이즈, 색상 등 최대한 어울릴 만한 상품으로 제안하고, 마지막으로 가격까지 확인하고 나서 결제를 하면 끝나는 것이 아닌가 하고 말이다.

하지만 '고객과의 관계에 있어서 결코 끝은 없다'가 올바른 답이다.

미국의 유명한 쿠키 체인으로 '미시즈 필즈'가 있다. 이곳의 사장인 데비 필즈(Debbi Fields)는 무엇보다도 품질만큼은 절대 양보하지 않는 것으로 유명하다. 다음은 이와 관련된 유명한 일화다.

필즈 부인은 체인점 형태로 분점을 낸 이후에 스스로 점포들을 자주 들러서 쿠키가 어떻게 팔리고 있는지 살펴보곤 했다. 한 지점을 들렀을 때 진열해 놓은 쿠키를 살펴보았다. 자세히 보니 크기와 두께가 조금씩 달랐던 것이다. 그 중 하나를 집어 들고서 필즈 부인이 점원에게 그 이유에 관해서 물었다. 그러자 함께 쿠키를 보던 점원은 이렇게 대답하는 것이었다.

"이만하면 된 거죠, 뭐."

필즈 부인은 조용히 쿠키를 모두 쓰레기통에 버렸다고 한다. 그 이후 미시즈 필즈 쿠키 회사의 표어는 다음과 같이 되었다.

"그만 하면 되는 건 절대 없다!"

작은 차이는 고객의 눈으로 보았을 때 미처 발견하지 못할 수도 있다. 하지만 그 쿠키를 만든 사람은 스스로 차이가 있다는 것을 알고 있다. 그 작은 차이에서부터 허용하기 시작하면 나중에 쿠키의 품질 차이는 걷잡을 수 없게 변해갈 것이라는 것을 필즈 부인은 처음부터 염려했던 것이다.

부끄럽게도 나 역시 그랬다. 매장에서 근무하지 3~4년 정도가 되면 스스로 생각하기에 어느 정도 적응했다고 생각하게 마련이다. 많은 고객을 만나왔고 나름 고객에 대한 분류 또한 마음속으로 정리가 되어 있다고 판단한다. 쉽게 말해서 '이 정도면 되겠지?' 하고 생각해 버리는 것이다. 다시 말하지만 영업을 하는 데 있어서, 그리고 고객을 응대하는 데 있어서 '이 정도면 되겠지?'는 결코 존재하지 않는다. 오히려 판매에 있어서 진짜 베테랑의 경우 상품을 대하는 태도는 자신감에 충만해 있을지는 몰라도 고객을 대하는 태도는 항상 조심스럽게 행동한다. 자신감이 있는 태도와 자만심을 가진 태도. 그 미묘한 차이를 고객은 즉시 알아차리기 때문이다. '이것으로 충분해.'라고 생각하는 순간 자만심이라는 유혹에 사로잡혀 버린 것이다. 이럴 때일수록 '나는 아직 멀었어. 나는 아직 노력이 더 필요해!' 하고 스스로를 다잡을 필요가 있다.

다음은 고객이 나에게 직접적으로 이야기해준 사연이다.

"OO전자에서 가전제품을 구입했습니다. 결혼해 보셨으니 알겠지만 혼수 준비라는 것이 보통 힘든 게 아니잖아요. TV, 냉장고, 세탁기 등 이곳저곳 비교해 보고 설명도 열심히 들었습니다. 직원이 참 친절한 것 같아서 그냥 OO전자에서 구입하기로 했죠. 배달일도 일찌감치 정해서 홀가분하게 식을 치르고 신혼여행도 다녀왔습니다.

문제는 사은품이었어요. 사은품은 우리가 구입한 상품과 달리 나중에 별도로 2주 후에 온다고 하더군요. 약 2주가 되니 연락이 왔습니다. 제가 구입한 매장이 아니라 본사라고 하면서 사은품 배송이 밀려서 조금 더 기다리라고 하더군요. 처음엔 별 것 아니라고 생각했습니다. 그런데 그렇게 한 달이 지났어요. 매장으로 전화해 보니 확인해 보고 연락을 주겠다고 했습니다. 그렇게 또 두 번 정도 확인하면서 2주 정도가 지났습니다. 결국 정확히 한 달 반이 되어서야 받았습니다.

사은품이 비싼 것도 아니고 그냥 생활용품입니다. 처음부터 안 받아도 상관없었어요. 그런데 시간이 지나니까 그게 아니었어요. 사은품 때문에 전화를 거는 내 자신에게 화가 났습니다. 막상 그것 받으려고 제품을 구매한 사람처럼 보이더라고요."

실제로 이 이야기를 들었을 때 부끄러움에 고개를 들 수 없었다. 나는 매니저와 함께 진심이 담긴 사과를 먼저 드렸고, OO전자 본사에 확인하여 최우선적으로 도와드렸다. 그러고 나서 고객과의 업무 처리가 다 끝난 후 매니저와 잠시 이야기를 나누었다.

"저희 브랜드로 인해서 죄송합니다. 사은품은 가끔 이렇게 본사에서 업무가 밀리는 경우가 종종 있습니다. 본사에서 일괄적으로 진행하기 때문에 저희도 중간에서 항상 곤란해집니다."

이 말을 듣고 매니저에게 나는 이렇게 말했다.

"매니저님 미안하지만 큰 착각을 하고 계시는군요. 물론 사은품 업무는 본사에서 진행할 수는 있습니다. 하지만 제품을 판매한 곳은 이곳이고 고객은 매니저님을 믿고 구매하신 겁니다. 그렇다면 고객은 사은품이든 무엇이든 최종적인 부분까지 매니저님께서 챙겨주길 바랐던 겁니다. 이해하시겠어요?"

이처럼 가장 중요한 것은 일을 처리하는 결과보다는 고객의 마음을 먼저 헤아리는 것이다. 영업을 하다 보면 앞에서 본 사례와 같이 되돌릴 수 없을 만큼 치명적인 실수를 하게 되는 경우가 있다. 누구에게 책임이 있다는 것을 밝히는 것은 결코 중요하지 않다. 고객이 구매한 상품이, 고객과의 약속이 최종적으로 이루어졌는가 아닌가가 중요한 것이다. 우리는 이처럼 때때로 우리가 이곳에서 일하고 있는 진정한 목적이자 이유를 착각할 때가 있다.

일본 보험 세일즈에 있어서 경이적인 신기록을 기록한 가와다 오사무. 그가 쓴 책『가방은 손수건 위에』에 보면 이런 내용이 담겨 있다.

영업인의 가방 밑바닥은 신발 밑창과도 같다.

하루 종일 이곳저곳 '열심히 뛴' 가방을 고객의 집안에 가지고 들어가는 행위는 곧 구두를 신은 채 흙발로 집안에 들어가는 것과 마찬가지가 아닐까? 영업사원이 우리 집안에 신발을 신고 들어온다면 어떤 기분이 들겠는가?

그래서 나는 반드시 가방 안에 하얀 손수건을 넣고 다닌다.

현관에 들어서는 순간 바로 그 손수건을 꺼내서 내가 앉는 자리 옆에 깔고, 그 위에 가방을 올려 두는 것이다.

놀랍지 않은가. 고객의 입장에서는 이 손수건 한 장이 주는 의미와 감동은 대단하다. 세일즈맨의 멋진 외모와 태도, 청산유수와 같은 설명. 박학다식한 안내보다도 이 손수건 한 장이 주는 의미가 훨씬 더 빨리 그리고 더 크게 다가오는 것이다.

중요한 것은 고객을 대하는 경험이 많을수록 조심해야 할 것은 '나는 고객의 입장을 잘 알고 있다'라고 지레짐작해 버리는 나의 생각이다. 실제로는 내가 생각하는 나의 모습과 고객이 생각하는 나의 모습은 전혀 다를 수도 있다는 것을 우리는 너무도 쉽게 간과해 버린다.

지금 당장 내가 서 있는 매장을 들여다보면 금방 알 수 있다. 잠시 스쳐 지나가는 고객의 눈에는 '매장 깊숙이 안쪽까지 보일 리가 없다.'라고 생각해 버리기 쉽다. '고객의 눈이 미치지 않는 곳은 대충 청소해도 되겠지? 이곳까지 설마 보겠어?'라고 생각해 버리는 것이다.

노스캐롤라이나 대학교 폴 로젠 펠트 박사는 이런 상황을 '윈도우 드레싱'이라고 표현했다. 방 안을 전부 깨끗하게 치우는 것은 어렵지만, 밖에서 보이는 창문만을 예쁘게 꾸미는 것은 간단하다는 것이다. 어떻게 보면 효과적일 수도 있지만 결과적으로는 고객의 착각을 불러일으키는 눈속임에 지나지 않는 것이다. 우리는 우리도 모르게 스스로를 이렇게 속이고 있는 것인지도 모른다. 고객의 위치에서 보았을 때 '나의 숨겨진 모습이 보이지 않겠지?' 하고 말이다. 하지만 그런 생각을 하는 순간 고객보다 나 자신이 먼저 그것을 인식하고 있다는 것을 간과하고 있는 것이다. 그런 작은 부분까지 고객의 눈으로 바라보고 대처하는 마음자세가 필요한 것이다.

서비스를 베푸는 사람의 마음은 이렇듯 아무것도 아닐 수도 있는 것에서부터 시작한다. 그리고 그 사소함이 결국에는 커다란 만족이라는 선물이 되어 다시 나에게 돌아오게 되어 있다. 작은 차이를 그냥 지나치는 사람과 그 차이를 어떻게 해서든 찾아내고 더 하려고 노력하는 사람의 차이다.

"끝날 때까지 끝난 게 아니야(It ain't over till it's over)"

불굴의 정신력으로 유명한 전설의 메이저리거 요기 베라의 명언이다. 설사 한 경기가 끝났다고 해서 한 시즌이 끝난 것이 아니다. 다음 경기가 또 남아 있다. 중요한 것은 지금 이 순간에 내가 가진 모든 것을 쏟아 부었는가 아닌가의 차이다.

결국 모든 것은 심리적인 것에 기인한다. 내가 얼마나 마음속으로 단단히 준비를 하고 있느냐에 따라 결과는 수천 가지 모습으로 변한다. 내가 고객이라면 어떻게 생각할까? 나의 모습을, 나의 이야기를,

나의 행동을 어떻게 받아들일까? 항상 이 생각을 염두에 두고 고객을 마주해야 하는 것이다. 나에게 있어서는 항상 똑같은 매일의 반복일 수 있지만 고객이 바라보는 나는 어쩌다 한 번 마주치는 사람이라는 것을 결코 잊어서는 안 된다. 그렇기 때문에 우리는 항상 그 순간에 최선을 다해야만 하는 것이다.

고객과의 관계에 있어 구매 완료는 끝이 아니라 새로운 시작이다.

서비스를 파는 남자

내 마음에 꽃피면
고객의 얼굴에 꽃핀다

> 웃음은 나를 위한 것이지만 미소는 상대방을 위한 배려이다.
>
> - 맥심

매출을 좌우하는 요소 중에 가장 큰 비중을 차지하는 것은 무엇일까? 상품? 가격? 브랜드 인지도? 나는 무엇보다 상품을 판매하는 사람의 '얼굴'이라고 생각한다. 직업적인 표정 말고도 그 내면에는 본인 스스로도 생각하지 못하는 습관적인 표정이 있다. 자주 봐 왔던 사람의 경우, 이런 습관에 따라 그 사람이 하고자 하는 말의 내용까지도 미루어 짐작할 수 있는 경우도 많다.

나는 하루에도 수백 명의 사람들을 만난다. 실제로 매장을 찾아주시는 고객들, 상품 판매를 직접적으로 하는 직원들, 브랜드에서 영업을 하고 있는 업체 담당자들, 그리고 나와 함께 일하고 있는 선후배 및 동료들. 이렇게 많은 사람들을 만나면서 꼭 보는 것이 있다. 그것은 그 사람이 그때그때 순간적으로 보여주고 있는 얼굴 표정이다.

표정만큼 무서운 습관은 없다. 직업적으로 표정이 잘 훈련된 사람들(은행 창구 직원, 스튜어디스, 백화점 안내데스크 직원 등)은 평소에 무표정하다가도 누군가 자기 앞에 사람이 있다는 느낌을 받았을 때는 본능적으로 자신을 '서비스형 얼굴'로 바꾼다. 이것은 끊임없는 교육과 훈련에 의한 것으로 본인 스스로도 의식하지 못한다. 이를 가리켜 '스마일 마스크 증후군'이라고 한다. 본인의 감정과는 전혀 상관없이 다른 사람들 앞에서는 항상 웃음의 가면을 쓰고 있는 모습을 가리키는 심리학적 전문 용어다. 하지만 근무기간이라든가 직업의 유형과는 상관없이 진정으로 마음에서 우러나는 미소인지 아니면 스마일 마스크인지는 전적으로 본인에게 달려 있다.

중요한 것은 표면적으로 보이는 우리의 '표정'이 아니라 '우리의 표정을 통해서 고객들이 어떤 기분을 느끼고 어떤 마음을 갖느냐'이다. 결국 모든 것은 우리들의 모습, 우리들의 행동으로부터 비롯되는 것이다. 내가 어떤 생각을 가지고 어떤 마음가짐으로 상대방을 대하느냐가 곧 첫 번째 단추가 되는 것이다. 옷을 입을 때 첫 단추를 잘못 끼우기 시작하면 결국 모든 것이 잘못되는 것과 같은 이치다. 조심스럽게 첫 단추를 끼우는 것, 그것은 고객을 대하는 태도의 첫 시작과 같은 것이다.

내가 어떻게 고객을 만나서, 어떤 표정을 짓고, 어떤 대화를 나누고, 어떤 상품을 팔 수 있었는가? 이것은 모두 하나로 이어지는 연결고리인 것이다. 운이 좋아서 단 한 번은 어떻게 성공할 수 있을지언정 두 번째 인연은 결코 생각해 볼 수 없는 것이다.

상품을 판다는 것. 내가 필요하거나 갖고 싶은 상품을 골라본다는 것. 그리고 고객이 최종적으로 심사숙고해서 나의 상품을 산다는 것. 이러한 행위들이 하나의 시스템과 같이 연결되어 있다는 것을 어

서비스를 파는 남자

떻게 간단하게 이론적으로 설명할 수 있을까?

여기서 매니저 A의 이야기를 들어 보자.

A는 백화점 생활을 10년 이상 해온 베테랑이라고 자신을 소개했다. 그녀에게는 두 명의 아들이 있었다. 어느 날 고등학생인 큰아들이 어머니가 일하고 있는 백화점에 다녀 간 일이 있었다. 잠깐 동안이었지만 어머니가 일하고 있는 모습을 보게 되었다고 한다. 그런데 A는 아들이 다녀간 그날 집에서 아들의 얘기를 듣고 매우 놀랐다고 한다.

"백화점에서 고객을 상대로 웃고 있는 엄마의 모습에서 왠지 낯선 다른 사람이 느껴졌어요. 집에서는 거의 웃는 경우가 없었거든요."

백화점에서야 늘 고객을 응대하면서 자기도 모르게 얼굴에 미소를 짓는 게 몸에 베인 습관이었다. 이 날 이후 A는 집에서도 자녀들과 함께 있는 동안 일부러 얼굴에 미소를 지으려고 하는데 쉽지 않다고 했다. 이처럼 표정은 자기도 모르는 사이에 만들어지는 평소의 습관이다. 마치 심장이 내가 뛰게 하고 싶다거나 멈추게 하고 싶다고 해서 내 마음대로 되는 것이 아니듯 무의식적인 표정 또한 마찬가지인 것이다.

내 것인데 실제로 나보다 남을 위한 것이 두 가지가 있는데, 그것은 바로 '이름'과 '표정'이다. 내 이름은 내 것이지만 남들에게 불리기 위해서 존재한다. 마찬가지로, 내 얼굴 표정이지만 결국은 다른 사람에게 보이기 위한 모습이다. 그렇다면 어떻게 해야 진정한 미소를 지을 수 있을까? 미소는 끊임없는 연습에 의해서 가능하다. 다만 그 연습이 상대방에게 보여주기 위해서 하는, 그런 '얼굴 표정만을 위한 연습'

이어서는 안 된다. 마음으로 미소 짓는 법을 알아야 한다. 그 마음으로 짓는 그 미소가 얼굴에도 나타나야 한다. 마음으로 미소 짓는 법을 의도적으로 매일 연습해야 한다. 그 연습이 곧 새로운 습관이 될 것이다.

결국 가장 먼저 내가 즐거워야 하고, 내가 즐거워야 진정한 미소를 지을 수 있다. 즐거워지는 방법은 어려운 것이 아니다. 하루에 아주 사소한 것이지만 즐거울 수 있는 것은 얼마든지 있다. 의도적으로 내가 행하면 즉시 즐거워지는 것을 찾아서 이렇게 매일 연습해야만 하는 것이다. 이렇게 하루에 혼자 생각할 수 있는 시간을 최소한 5분이라도 갖자. 그리고 위에서 말한 것을 생각해 보자. 화장실에서도 좋고, 목욕을 하는 순간도 좋다. 잠들기 전 침대에 누운 순간도 좋다. '무엇을 하면 내가 즉시 즐거워질 수 있을까?' 하고 생각하는 습관을 갖자. 즐거움은 아주 작은 것이고 누구나 마음만 먹으면 할 수 있는 것들이다. 그럼에도 불구하고 우리는 이 짧은 순간의 즐거움을 위해서 5분, 10분의 투자를 주저하고 있다. 이제는 나 스스로 먼저 작은 즐거움을 느끼고 그 즐거움을 바탕으로 진정한 마음이 담긴 미소를 고객에게 지어 보이도록 하자.

한 조사 결과에 따르면 아이들은 하루에 수백 번을 웃는 데 반해 어른들의 웃음은 열 번 정도라고 한다. 게다가 놀라운 것은 하루에 단 한 번도 웃지 않는 사람도 있다는 사실이다. 나 자신을 한 번 생각해 보자. 가식이 아닌 진심으로 하루에 내가 웃는 모습을 보이는 것은 몇 번이나 되는지 말이다.

웃는 얼굴은 필요하다. 고객을 대하는 대부분 우리는 웃어야 할 필요가 있다. 하지만 단순히 억지웃음으로 상대의 기분을 달래서는 안 된다. 무엇보다 고객의 입장에서 생각하고 고객의 입장에서 일하고자 최선을 다한다는 모습을 보여 줄 수 있어야 한다. 웃는 얼굴 표정만이 중요한 것이 아니라 마음이 웃는 표정이 중요한 것이다.

당연한 얘기지만 고객에게는 늘 밝은 얼굴로 행복한 미소를 지으면서 대할 수 있어야 한다. 하지만 예외도 있는 법이다. 그것은 고객의 상황에 따라서 달라져야 한다는 뜻이다.

◆ 상황1

아이를 잃어버리고 애태우는 엄마에게 스마일 미소를 지으며 아무렇지 않게 평소처럼 응대한다면 고객은 어떻게 받아들일까?

_상황1에 대한 고객의 생각

"남의 아이라고 그렇게 아무렇지 않게 천연덕스럽게 웃을 수 있나요?"

◆ 상황2

구입한 제품이 하필이면 불량이어서 한 번도 사용해 보지도 못했다. 다음날 아침에 문을 여는 순간에 나타난 고객에게 무조건 웃으면서 안내를 한다면 어떻게 받아들일까?

_상황2에 대한 고객의 생각

"남은 밤새도록 열 받아서 도저히 못 참을 지경이 되어 꼭두새벽부터 왔는데 당신은 지금 나를 보고 비웃는 거야?"

중요한 것은 고객의 입장에서 진정으로 고객만을 생각할 수 있는 마음이 되어야 한다는 것이다. 겉으로 보이는 미소가 아닌 마음으로부터 진정으로 우러나온 미소. 고객의 입장을 걱정하고 고객의 상황을 먼저 생각하는 모습. 미소는 그런 생각에서부터 시작되는 것이다.

"봄이 와서 꽃이 피는 것이 아니라 꽃이 피니까 봄인 것입니다. 꽃이 피지 않으면 봄이라고 할 수 없죠. 세상일도 마찬가지여서 꽃을 피우면서 사는 집안이 복 받은 집입니다. 여기저기 꽃이 피어나는 것을 보고 자신은 어떤 꽃을 피우고 있는지 되돌아보십시오."

법정 스님이 하신 말씀이다. 미소는 결코 남을 위한 것이 아니다. 미소는 나 자신을 위한 것이다. 내 마음이 즐거워서 꽃이 피어야 내 얼굴에도 꽃이 핀다. 그리고 내가 즐거워서 피운 미소 꽃은 고객의 얼굴에도 피어나게 되어 있다. 불교 용어 중에 안시(按視)라는 말이 있다. 이는 바로 미소, 즉 웃는 얼굴로써 다른 사람에게 기쁨을 준다는 뜻이다. 내가 먼저 진심으로 행복한 기분을 느끼고 그 느낌이 미소를 통해서 상대방에게 전해진다면, 상대방에게도 그 기분이 반드시 전해지게 되어 있는 법이다.

무턱대고 화(火, Anger)를 내는 고객이 있다. 눈에는 눈. 이에는 이. 화는 화로 다스리는 법. 고객이 화(火)를 내면, 당신은 화(花)를 내라. 얼굴에 아름다운 미소 꽃, 세상에서 가장 아름다운 친절 꽃을 보이자.

서비스를 파는 남자

18
service

고객이 변하기 전에
내가 먼저 변해야 한다

오늘의 문제는 어제의 해법으로 풀 수 없다

- 김명룡 박사

 "아니, 그거 말고 이걸로 주세요."

"예? 고객님은 원래부터 이 제품을 사용하시지 않았나요?"

"매일 똑같은 반찬을 먹는 것도 아니고, 왜 제가 같은 걸로만 산다고 말씀하시는 거죠?"

"아니, 그게 아니라 저는 단지 고객님은 매번 같은 걸로만 사서서……"

"뭐라고요?"

화장품 매장에서 보았던 장면이다. '사람이 어떻게 매일 밥만 먹고 살겠나? 반찬도 먹고 살아야지' 우리가 평소에 자주 듣는 말 중에 하나이다. 사람이 화장실 들어갈 때와 나올 때 마음이 다르듯이 매일 똑같을 수는 없다. 어제 다르고 오늘 다르고 내일 다른 것이 사람의 마음이다. 앞에서 본 것처럼 매일 똑같은 걸 산다고 해서 고객에게 물어보지도 않고 똑같을 걸 내 마음대로 포장할 수는 없는 노릇이다.

만약 고객응대에 관한 모든 것이 담겨 있는 백과사전이 있다면 그 안에는 절대로 '원래'라는 말은 없다. 아니 없어야 한다. 고객응대는 살아 움직이는 생물같이 수시로 변하는 것이기 때문이다. 사람 마음이 어제 다르고 오늘 다르듯이 그 미묘한 차이를 어떻게 잘 판단하느냐가 중요한 것이다.

여기 구두 매장에 근무하는 S매니저가 있다. 그는 매일 아침 일찌감치 출근해서 상품들의 위치를 수시로 바꾸고 있다. '어제는 이렇게, 그러면 오늘은 이렇게' 그렇게 매일매일 상품의 위치를 바꾸는 것이다. 며칠을 지켜보다가 궁금한 생각에 넌지시 물었다.

"상품을 디스플레이 하는 데 있어서 뭔가 자신만의 방법이 있나요?"

"음. 아니오. 확실히 매출과 완벽하게 맞아 떨어지는 디스플레이 방법은 잘 모르겠습니다. 본사에서 내려오는 지침대로만 하는 것도 완벽한 것은 아니거든요. 그래서 저는 이렇게도 해보고 저렇게도 해보고 그렇게 하면서 고객의 반응을 살펴봅니다. 정확하지는 않지만 이렇게 매번 바꿔보다 보면 뭔가가 느껴집니다. 아주 작은 변화지만 고객이 먼저 알아보시거든요. 자주 오시는 고객의 경우에는 상품의 위치만 바꿔도 금세 알아차립니다. 그래서 이렇게 상품의 위치를 바꿔보면 잘 팔리게 되는 경우가 나옵니다. 그래서 저는 이렇게 수시로 바꿔보는 겁니다."

바로 이 점이다. 앞에서 말한 것처럼 매장이란 곳은 살아 움직이는 생물과 같아야 한다는 것이다. 중요한 것은 고객의 반응과 함께 어우러지는 장단에 있다.

서비스를 파는 남자

그리스의 사상가 헤라클레이토스는 "누구도 같은 물에 두 번 발을 담글 수는 없다. 두 번 째 발을 담글 때 같은 강이 아니고, 그도 같은 사람이 아니기 때문이다."라고 말했다. 나도 내 마음을 모르는 경우가 많은데 다른 사람의 마음을 알려면 얼마나 많은 노력이 필요하겠는가? 특히나 단골고객의 경우에는 판매자를 믿고 사는 경우가 대부분이다. 그만큼 자기 취향을 잘 알기에 '알아서' 골라주기를 바라는 것이다. 판매자는 해당 고객에 대해서 마치 고객 자신이 된 양 철저하게 맞춤형으로 상품을 선택, 제안해 주는 것이다.

매장 근무에 있어 변화에 앞서 가려면 다음과 같은 자세가 필요하다.
첫째, 스스로 변화하기 위해서는 먼저 깨어 있어야 한다. 변해야 한다는 필요성에 대한 인식을 갖고 있지 않으면 누가 무슨 말을 하든지 절대로 소용이 없다. 남들이 말해주는 것에만 따라가려 해서는 안 된다. 남들 뒤꽁무니만 따라다녀 봤자 언제나 흙먼지만 뒤집어쓰기만 할 것이 뻔하다.
장기간 변화가 없는 매장의 경우 직원에게 그 이유를 물어보면 오히려 특별한 이유가 없다는 것이 답변일 경우가 있다. 디스플레이에 관해 본사의 지침이 있다든가 하는 것도 아니었다. 그럴 경우 대부분 이렇게 답변한다.
"저희 매장은 '원래' 이랬는데요?"
오히려 그렇게 묻는 나를 이상하다는 듯이 쳐다보는 것이다. 그런 사람에게 나는 이 한 마디를 들려주고 싶다.

"그동안 우리에게 가장 큰 피해를 끼친 말은 바로 '지금껏 항상 그렇게 해 왔소.'라는 말이다."

- 그레이스 호퍼

지금 장사가 잘 되고 있다면 위험한 것이다. 지금의 현실에 만족하고 안주하고자 하는 태도가 대부분의 사람들 심리이기 때문이다. 삼성 그룹의 이건희 회장도 '앞날을 생각하면 등에서 식은땀이 난다'고 말했다. 아무리 잘나가는 1등 기업도 한 순간에 무너질 수 있다는 걱정이 배어 있는 것이다. 매일 똑같은 매장, 똑같은 상품, 똑같은 상황일지라도 아주 작은 것 하나라도 바꿔보려고 노력하는 모습. 우리에게 가장 먼저 필요한 자세인 것이다.

둘째, 변화의 삶을 주도해야만 한다. 생물학에서 주로 쓰이는 용어 중에 '레드 퀸 효과(Red queen effect)'라는 것이 있다. 내가 아무리 빨리 뛰어봤자 경쟁자보다 빨리 뛰지 못하면 뒤처지는 법이다. 나는 분명히 놀고 있거나 현실에 안주하고 있지 않지만 나를 둘러싼 주위 환경이 나보다 더 빨리 나아간다면 나는 뒤처지고 있는 것이다. 아프리카에서는 매일 아침이 밝으면 사자와 가젤이 달리기 경주를 한다. 사자는 가젤보다 빨리 달려야 살 수 있고, 가젤은 사자보다 빨리 달려야 살 수 있다. 가젤이든 사자든 어느 쪽이든 중요한 것이 아니다. 중요한 것은 눈을 뜨게 되면 달려야 한다는 사실이다.

현실에 안주한다는 것은 편한 것이고, 감미로운 것일 수 있다. 그것은 지금처럼 편안한 상태로 늘 계속되고 싶은 마음이다. 반면에 변화는 어렵고 힘든 것이다. 그리고 괴로운 것일 수도 있다. 변화는 결코 달콤하지 않다. 하지만 생존하기 위해서, 살아남기 위해서는 필수적인 것이다. 변화는 우리 삶에 있어서 선택이 아닌 필수다.

내가 몸담고 있는 이런 업종을 가리켜서 '유통(流通)'이라고 한다. 유통은 글자 그대로 흐를 류(流), 통할 통(通), 즉 흐르고 통하는 것이다. 물류(物流)라는 말은 물건이 흐르는 것만을 가리키는 말이지만, 유통이라는 말은 모든 것이 흘러야 하는 것이다. 이는 단순히 상품만이 아니고, 사람과 사람 사이의 마음까지도 포함하는 매우 큰 의미를 뜻한다. 고여 있는 물은 썩게 마련이지만 계곡이나 강은 절대로 썩지 않는다. 흐르고 있기 때문이다.

그래서 유통업, 서비스업은 흐르는 물과 같아야 한다. 물과 영업의 공통점은 크게 두 가지로 볼 수 있다.

첫째, 일정한 형체가 없다. 네모난 물병에 넣으면 네모난 모습을 하고, 동그란 물병에 넣으면 동그란 모습을 한다.

매일 찾아오는 고객이 다르고, 그들이 찾는 상품이 다르고, 사용하는 사람도 제각각이다. 그런데 어떻게 똑같은 매뉴얼로 고객을 대할 수 있을까? 계절, 날씨, 시간마다 고객을 대하는 감정이 바뀌어야 하고, 고객의 기분에 따라, 함께 온 사람에 따라 대화하는 방법이나 고객을 대하는 방법이 변해야 한다. 그래서 서비스는 물과 같아야 하는 것이다.

둘째, 물은 거울처럼 무엇이든 반사한다. 내가 행복을 전하면 고객은 행복해진다. 내가 진심이 아닌 마음으로 고객을 대하면 고객 또한 의심의 눈짓을 나에게 준다. 즉 고객은 나에게 있어 또 다른 나가 될 수 있는 것이다. 그래서 우리는 물과 같은 모습으로 고객 앞에 당당하지만 최선을 다하는 모습으로 설 수 있어야 하는 것이다.

이렇듯 고객을 대하는 마음은 물과 같아야 한다. 내가 가진 마음이 한 군데 고여 있으면 썩는다. 하지만 내 마음을 끊임없이 흘려보내고, 또 그만큼 끊임없이 새로 받아들인다면 절대로 썩을 일이 없다. 오히려, 매일매일이 새롭고 신선할 수 있다. 이렇게 늘 신선한 마음을 갖고서 고객에게 그 마음을 나누어 주는 것, 그것이 진정한 서비스의 다른 표현이 아닐까?

서비스는 결코 한 군데 멈춰 있는 일이 없다. 늘 어딘가에서부터 새롭게 생겨나고 똑같은 방법으로 어딘가로 흘러간다. 그 흐름 한 가운데 나와 당신이 서 있는 것이다. 이렇듯 영업은 항상 변화무쌍해야 한다. 모든 게 계속 변하고 있기 때문이다. 더 나은 상품이 계속해서 개발되어 나오고 있고, 더 수준 높은 고객이 계속 등장하고 있고, 더 멋진 환경의 매장이 속속들이 떠오르고 있다. 나 자신만이 이 자리에 서 있을 수는 없다. 나부터 한걸음만 먼저 변하고자 하는 생각을 언제나 마음속에 간직하도록 하자.

"우리의 경쟁 상대는 경합하고 있는 다른 회사가 아니다. 진정한 경쟁 상대는 급변하는 고객의 욕구이다."

세븐일레븐 재팬의 설립자 '스즈키 도시후미' 회장의 말이다. 고객을 상대하는 영업인의 자세에서도 가장 먼저 우선시되는 것이 바로 이런 생각이다. 어제의 나와는 무언가 달라야 한다는 것을 인식하는 자세가 필요하다. 나 스스로 어제와는 다르다고 말할 때 오늘을 시작할 수 있는 것이다.

그렇다. 오늘 하루의 힘든 노동의 결과로 하루를 산다고 생각하면

서비스를 파는 남자

삶이 얼마나 끔찍할 것인가? 고객을 만나는 그 순간이 영원처럼 느껴질 것이며 끝없이 지겹다는 생각이 들 것이다. 사람은 실제로 고통을 느끼는 순간보다는 고통이 눈앞에 다가온다고 생각했을 때가 훨씬 더 크게 느껴지는 법이다.

오늘 매장을 방문한 고객에게 새로운 인사말을 건네 보자. 그리고 새로운 제품을 새로운 방식으로 설명하고 제안해 보자. 그렇게 조금씩 변화하는 동안 나 자신에게도 놀라운 변화를 경험하게 될 것이다. 변화의 시작은 나로부터이고, 그 시점은 바로 지금부터다.

내가 먼저 변하면 고객의 마음도 변화시킬 수 있다.
그리고 내가 먼저 변하면 세상도 변할 것이다.

기억하라,
고객이 곧 기회다!

훌륭한 영업인은 어떤 사람일까? 많이 판매하는 사람? 고객으로부터 절대로 거절을 당하지 않는 사람? 여러 가지 답변이 나올 수 있겠지만 내가 생각하는 훌륭한 영업인은 단 한 명의 고객이라도 나로 인해서 행복해하게 만들 줄 아는 사람이다. 고객을 행복하게 만들어 준다는 게 무엇일까? 상품의 판매와는 상관없이 만족을 드린다는 것이다. 그리고 그렇게 고객에게 만족을 드리는 사람의 공통점이 바로 고객과의 만남을 누구보다 소중하게 생각한다는 것이다.

미국의 정치학자 솔라 풀은 사람 사이의 관계에 대해서 "사람은 평생 3,500명 정도를 중요하게 알고 지낸다."라고 언급했다. 그렇다면 '오늘 하루 내가 만날 사람은 몇 명일까?' 더 나아가서 '오늘 내가 만날 사람 중에 앞으로 나와 함께 소중한 인연을 만들어 가게 될 고객은 누구일까?'를 생각해 봐야만 한다.

이처럼 모든 판매활동의 기본은 바로 고객과의 만남에서 시작한

서비스를 파는 남자

다. 그것이 바로 일생일대의 기회이기 때문이다. 기회란 절대로 행운이 아니다. 기회는 또렷한 목적의식을 가지고 자신이 무엇을 원하고 있는지 알고, 그것을 얻기 위해서 무엇을 해야 하는지 아는 사람에게만 보인다. 기회는 철저히 준비된 사람의 눈에만 보이는 일종의 마술과도 같다. 고객을 만나서 응대하는 그 순간이 둘도 없는 기회인 것이다. 고객이 나를 찾아 왔을 때 원하는 상품이 없다거나, 아니면 내가 그 자리에 없었다면 어떻게 될까? 당연한 얘기지만, 고객도 그리고 나도 소중한 기회를 놓친 것이다.

예전에 지방출장을 가서 한 백화점에 들렀을 때의 일이다. 나이가 지긋한 할머니가 가전 매장을 지나가다가 에스프레소 머신을 보고 갑자기 직원에게 물었다.

"이건 얼마요?"

그러자 매니저로 보이는 사람이 할머니를 흘끗 보고는 대답했다.

"이건 에스프레소 머신인데 3백만 원이죠."

보아하니 나이도 꽤 드신 노인이 에스프레소 머신을 구입할 것 같지가 않을 것 같았는지 말투로 보나 태도로 보나 마지못해서 대답하는 모습이었다.

"에스······. 뭐? 뭐라고?"

"에스프레소 머신이라고요."

이번에는 눈길도 주지 않고 대답한다. 그때 젊은 여자가 할머니 곁에 다가갔다.

"어머니. 의류 매장은 더 아래층으로 내려가야 해요. 여기서 뭐하고 계셨어요? 찾으시는 거라도 있어요?"

"응, 지난번에 네가 말한 커피 기계가 이거 같아서. 그런데 여기 직원이 참 싸가지가 없이도 말한다. 노인이라고 무시하기는 참내. 그냥 가자."

그리고 멀어져 가는 고객을 바라보는 그 직원의 얼굴은 홍당무가 되어 있었다. 한 마디로 닭 쫓던 개 지붕 쳐다보는 모습이었다. 일부러 불친절하려고 하지는 않았겠지만 고객 응대란 이처럼 생각지도 못한 순간에 기회가 다가오는 법이다.

이와 달리 반대의 경우도 심심치 않게 볼 수 있다. 하루는 점심을 마치고 사무실로 들어가려던 참이었다. 휴게실 쪽에서 왁자지껄 크게 웃는 소리가 났다. 무슨 일일까 궁금해 하던 차에 마침 매니저 두 명이 휴게실에서 나오는 모습이 보이기에 물어보았다.

"무슨 좋은 일이라도 있으세요?"

"아니오. 그게 아니라 어제 P가 새해라서 점을 봤는데 동쪽에서 귀인(貴人)이 온다고 해서요. 나이는 찼는데 아직 미혼이라서 우리들은 다들 '남자가 생기려나 보다' 하고 축하해 줬거든요. 그런데 오늘 가장 비싼 세트 상품이 팔렸다고 하더라고요. P매니저 말로는 그 고객이 자기가 생각하는 귀인이 맞다고 하네요. 그래서 다들 웃었습니다."

재미있는 이야기다 싶어서 나는 직접 P에게 물어보았다. 그녀의 대답은 다음과 같았다.

"점쟁이가 말한 귀인이 꼭 결혼 상대자라고 생각하라는 법은 없잖아요. 그래서 저는 어젯밤 잠자리에 들 때 오늘 제 매장을 찾아오신 첫 고객을 귀인이라고 생각하기로 했습니다. 그런데 정말 오늘 오전 일찍부터 고객 한 분이 오신 것이었어요. 저는 앞뒤 가리지 않고 무

서비스를 파는 남자

조건 정성껏 모셨습니다. 그랬더니 마침 최고급 신상품 세트가 입고 되었기에 보여드렸더니 그 자리에서 바로 구매하시는 겁니다."

적어도 P 매니저에게 있어서 그 고객은 진짜로 귀인이었음은 사실이다.

이렇듯 기회는 언제든지 잡을 준비가 되어 있는 사람에게만 진짜로 눈앞에 나타나게 되어 있다. 그러기 위해서는 항상 현장에서 고객과 함께 숨쉬고, 직접 고객의 말을 듣는다는 것은 무엇보다도 중요하다.

한 가지 사례를 더 들어보자. 최고의 서비스로 유명한 노드스트롬 백화점에서 생긴 일화다. 노드스트롬의 2세대 경영자 에버렛이 구두 점원과 대화했던 내용이다.

하루는 에버렛이 구두 매장을 살펴보던 중 특정 디자인의 치수 재고가 없어서 구매 담당자에게 물었다. 그러자 그 직원은 이미 주문했다고 대답하였다.

에버렛은 주문서 사본을 달라고 해서 그것을 구두 상자에 넣고 진열대에 올려놓았다. 그러고는 이렇게 말하였다.

"자, 고객이 와서 치수를 찾으면 저 주문서를 신어 보시라고 하게."

고객을 맞이하는 그 순간, 기회의 소중함을 일깨워주는 최고의 이야기라고 생각한다.

미국의 16대 대통령 에이브러햄 링컨은 '내게 나무를 벨 수 있는 여덟 시간의 시간이 주어진다면, 그 중 여섯 시간은 도끼를 가는데 쓰겠다.'라고 말했다. 그렇다. 이를 매장의 경우에 대입해 보면 이는 곧 고객맞이를 준비하는 우리의 모습과 같다. 매장에서 하루를 보내면서 이런 저런 고객을 만난다는 것. 그 중에는 매우 많은 금액을 지불하는 손 큰 고객도 있고 단지 구경만 하고 빈손으로 가는 고객도 있다. 또한 구매가 아닌 반대의 경우, 클레임 제기를 위해 방문한 고객도 있다. 우리에게는 이 모든 사람이 다 기회라는 이름의 고객으로 나타나는 것이다.

사람들의 삶이 끝없이 발전하고, 인터넷이 아무리 발달한다고 해도 그 끝은 '결국 사람'이다. 사람과 사람 사이의 관계는 눈으로 보고, 손으로 인사를 나누고 직접적인 대화를 통해서 발전하는 것이다.

진정한 서비스를 위해서는 고객만 바라보고 있어서는 안 된다. 직접 고객의 틈바구니 속으로 뛰어 들어서 고객이 무슨 생각을 하는지 무슨 대화를 하는지 무엇을 바라고 원하는지를 파악해야 한다. 때로는 직접 고객이 되어서 그들의 눈으로 바라보고 그들의 언어로 대화해야 한다.

위와 같은 경우에서도 보듯이 판매는 단순히 상품을 주고받는 상행위를 말하는 것이 아니다. 그리고 고객과 판매자는 머리로만 생각하는 그런 딱딱한 관계는 더더욱 아니다. 오히려 마음으로 주고받는 그런 사이가 진정한 관계인 것이다.

자동차 판매왕 조 지라드가 주장한 유명한 법칙이 있다. 일명 '지라드의 250명 법칙'이다. '지라드의 250명 법칙'이란 누구나 결혼식, 장례식과 같은 곳에서 참석자의 수는 평균 250명이 된다. (그리고 그 250이라는 수는 최소한의 평균수이다.) 일주일에 50명을 만났는데 이 중 2명이 불만을 품었다고 한다면 그 2명이 알고 있는 (적어도) 250명에게 불만을 이야기할 수 있다. 그리고 이렇게 1년이 된다면 5천명 이상에게 나

서비스를 파는 남자

에 대한 나쁜 영향이 퍼져나갈 수 있다는 것이다. 물론 좋은 영향도 똑같은 수치로 퍼져나갈 수 있다.

나에 대해 긍정적인 생각을 가진 고객은 마치 손오공이 부리는 분신술처럼 또 다른 나의 모습이 되어 나를 대신해서 내가 하는 이야기를 널리 퍼뜨리게 되는 것이다. 이보다 더 큰 마술이 있을까?

오세웅 작가의 『더 서비스』라는 책을 보면 일본 최고의 온천여관 카가야에 대한 이야기가 나온다. 그곳에 가면 모든 직원들이 마치 가족과 같은 마음으로 고객을 맞이한다고 한다. 그리고 고객의 생각을 마치 훤히 꿰뚫어 보는 듯이 무엇을 필요로 할 것인지 기가 막히게 먼저 알아채고 준비를 해 주는 것이다. 하지만 그것보다도 더욱 놀라운 사실은 고객을 맞이하는 그 순간을 위해 평생을 기다려온 것 같이 대한다는 점이다. 마치 평생에 오로지 그 고객 한 명만을 바라보고 기다렸다는 듯이 말이다. 다음은 그곳을 운영하는 안주인(일본어로 '오카미')의 말이다.

"고객 한 사람에게 인사할 때 그 고객 뒤에 계시는 보이지 않는 천 명의 고객을 보고 인사한다."

무서울 정도의 집념이 느껴지는 말이다. 이처럼 평판이란 내가 아무리 노력한다고 해서 그것만으로 이루어지는 것이 아니다. 나 스스로 생각하기에 '열심히 한다'는 것은 아무짝에도 쓸모가 없다. 나에게 필요한 것은 상대방이 생각하기에 '나라는 이미지는 어떻게 비쳐지는가?'이다. 평판이라는 말은 나를 대신하는 말이지만 오로지 나를 제외한 다른 사람들에 의해서만 만들어지는 이미지다. 설사, 다른 사람들이 나에 대해서 단순한 착각을 하더라도 좋다. '내가 얼마나 힘들게 노력을 하고 있는지 아느냐?'가 중요한 것이 아니라 '상대방이 내 노력을 얼마나 인정해 주느냐?'가 중요한 것이다. 당연한 얘기지만 그들이 하는 '내 평판'은 반드시 좋아야만 한다. 이것이 비결 중의 비결이다.

자, 이제 고객이 없다고 푸념만 늘어놓고 있는 우리의 모습을 되돌아보자. 고객이라는 기회를 맞을 준비가 되었는가? 나는 지금 이곳에 서 있는 목적이 무엇인지 알고 있는가? 어제와 다른 나의 자세는 어떤지 가슴으로 느끼고 있는가? 일본의 차(茶) 문화, 즉 다도문화에서 유래된 말 중에 〈이치고이치에(우리말로는 일기일회(一期 一會)〉라는 말이 있다. 일생 단 한 번밖에 없는 기회로 차를 대접할 때는 그런 마음가짐으로 최선을 다한다는 뜻이다. 내가 생각하기에 고객을 맞이하는 자세와 관련된 표현 중에 이보다 더 멋진 말이 있을까?

항상 고객을 맞이할 준비가 되어 있는 매장. 마치 고객이 올 것을 미리 예측하고 준비라도 한 것 같은 매장을 만들어 보자.
"오실 줄 알고 기다리고 있었습니다. 어서 오십시오, 고객님."
이렇게 말이다.

절대 실패하지 않는
영업 비법

잠재의식을 활용하라

우리는 우리가 할 수 있다고 생각하는 것만 할 수 있다.
우리가 될 수 있다고 생각하는 것만 될 수 있다.
우리는 가질 수 있다고 생각하는 것만 가질 수 있다.
무엇을 하거나 무엇이 되거나 무엇을 갖는가는 모두 우리 생각에 달려 있다.

- 로버트 콜리에

우리가 깨어 있는 동안에는 보고, 듣고, 만지고, 맛보고, 느끼는 등 오감(五感)을 활용해서 나의 상태를 인지한다. 그리고 이를 통해서 내 주변의 상황을 인식한다. 이것을 '현재의식'이라고 부른다. 이런 현재의식과는 달리 마치 잠을 자듯이 내 안에 숨겨져 있는 또 다른 의식이 있다. 이것을 '잠재의식'이라고 한다.

깨어 있을 때에만 작용하는 현재의식과는 달리 잠재의식은 잠을 자든, 깨어 있든 상관없이 항시적으로 작용한다. 내가 바라든 바라지 않든, 의식하든 의식하지 않든 말이다.

이런 잠재의식은 개인별로 그것을 어떻게 활용할 수 있는가에 따라서 그 결과는 천지차이가 될 수 있다. 우리는 이것을 매장에서의 판매 스킬적인 측면에 있어서도 얼마든지 활용할 수 있다.

판매하는 사람의 자세에서 살펴보자면 그 차이를 여러 형태의 모

서비스를 파는 남자

습에서 찾아볼 수 있을 것이다. 하루하루 고객의 방문과 매출이 줄어들고 있는 상황에서 피가 마르고 입술이 타 들어가는 안타까운 모습으로, 즉 한눈에 보더라도 초조한 모습이 역력한 상태로 겨우 살아가는 사람이 있다. 반대로 똑같은 경우임에도 불구하고 그럴 때일수록 오히려 여유를 가지고 단골고객에게 안부전화를 하면서 긍정적으로 하루를 보내는 사람이 있다. 당연한 말이지만 이 둘의 이런 모습의 차이가 결국은 고객의 방문횟수와 매출의 차이를 불러온다. 그것도 작은 차이가 아니라 시간이 지날수록 그 차이는 뚜렷하게 나타나게 되어 있다.

무엇이 이토록 큰 차이가 나도록 하게 되는 것일까? 그것은 바로 '생각의 차이'다. 이들과 단 5분만 이야기를 나눠 보면 그 반응하는 모습에서 곧장 차이를 인지할 수 있다.

걱정과 근심으로 하루하루를 보내는 직원의 경우는 이렇게 토로한다.

"어제도 매출이 전혀 없었는데, 오늘은 오히려 마이너스예요. 이렇게 하루만 더 있다가는 내 월급은커녕 함께 일하는 직원 월급도 못 챙겨줄 것 같아요. 어떡하죠?"

반면에 늘 긍정적인 생각으로 하루를 보내는 직원은 항상 긍정적인 마음을 잃지 않는다.

"저만 손님이 없는 건 아니잖아요. 다 똑같은 상황인데요, 뭘. 이렇게 여유 있는 시간에 그동안 연락드릴 시간도 없었는데 오히려 잘 된 것일 수도 있죠. 이럴 때 전화 한 번 더 드릴 수 있어서 좋아요. 그리고 아무리 방문하는 손님이 없다고 해도 최소한 하루에 한 두 명은 오시잖아요. 비록 구매는 안 하실는지는 몰라도, 시간적 여유를 갖고 부담 없이 상담할 수 있는 기회가 될 수도 있거든요. 그러면 다음번에는 반드시 구매를 해 주시겠죠."

이들이 하는 말은 단순히 한 마디 말의 차이가 아니다. 그들이 은연중에 마음속에 생각하고 있는 것들이 입 밖으로 나오는 것이다. 즉 생각대로 말하는 것이고, 말하는 대로 현실이 이루어지는 것이다. 미국의 대표적 철학자이자 심리학자인 윌리엄 제임스는 "생각이 행동을 일으키고 행동이 습관을 만든다. 습관은 성격을 이루며 성격은 운명을 낳는다."고 말했다. 바로 위와 같은 상황을 두고서 가장 잘 표현한 말이 아닐까?

걱정만 하는 사람의 경우, 단순히 지금 현재의 상황만을 걱정하는 것이면 오히려 다행이다. 문제는 '지금도 이런데 앞으로 더욱 상황이 나빠지면 어쩌지?' 하는 미래에 대한 불안감이 더 큰 데 있다. 즉, 불안이 더 큰 불안을 불러 와서 걱정은 결국 걷잡을 수 없을 만큼 눈덩이처럼 불어나게 되는 것이다. 나쁜 일은 꼭 한꺼번에 몰려오는 속성이 있다는 말도 있다. 이럴 때일수록 환불 고객이라든가 클레임이 발생한다든가 하는 상황도 겹치게 된다.

"왜 하필 오늘 같은 날에……."

"나한테는 불행한 귀신이라도 씌었나 봐. 왜 이렇게 오늘 재수가 없지?"

안 좋은 일이 계속해서 겹치게 되면, 위와 같이 자신의 운명까지도 의미가 확대되는 것이다. 결국 사람은 생각하는 내로 그 상황이 변하게 되는 법이다. 잠재의식의 대가 조셉 머피는 『인생을 마음대로 바꾼다』에서 이와 같은 상황을 다음과 같이 표현했다.

서비스를 파는 남자

"인간의 사고방식은 창조적이기 때문에 사고방식에 따라 행복과 불행으로 갈라지는 것이 사실이다. 외부의 힘에 의해 살아가는 방식이 결정된다는 잘못된 생각은 완전히 쫓아내야 한다. 조화와 평화의 천국을 비참과 고뇌의 지옥을 만든다는 사실을 깨달아야 한다. 자기의 잠재의식을 적극적으로 움직일 수 있고, 반대로 소극적으로 움직일 수도 있는 게 인간인 것이다."

하루는 침대브랜드 N의 영업을 담당하고 있는 담당자와 직원에 대해서 이런 이야기를 나누었다.

"아시다시피 지금과 같은 불경기에는 평일에는 고객이 거의 없습니다. 그나마 주말이 되어야 몇몇 고객이 방문해 주려나. 백화점이니까 그나마 나은 편입니다. 그런데 P점포에 있는 우리 직원은 다른 직원들과는 차원이 다릅니다. 의지가 대단하죠."

"어떤 점에서 다릅니까?"

"가구 매장은 사람이 몰리는 경우가 거의 없습니다. 그래서 상담하는 고객이 바로 구매로 이어지면 운이 좋은 거죠. 그런데 그 직원은 아침에 출근하면 고객 상담 전표를 미리 한 장 작성해 놓습니다. 고객 란만 비워진 채로 말이죠. 그러면서 자기 스스로 일종의 의식이라고나 할까? 그렇게 머릿속으로 암시를 합니다. '오늘 점심식사 하기 전까지 이 배송전표를 반드시 채우겠다!' 이렇게 말입니다. 그러면 신기하게도 거의 성공한다고 합니다. 대단하지 않습니까? 그래서 저도 그 직원을 볼 때마다 기운을 북돋아 줍니다. '그렇습니다. 충분히 할 수 있어요. 함께 힘을 내보도록 합시다.'라고 말입니다."

심리학에서는 이것을 가리켜서 〈자기 충족적 예언〉이라고 일컫는다. 쉽게 말해 칭찬의 미래 효과라는 뜻이다. 누구든지 진심으로 어떤 믿음을 가지고 기대를 하면 그것이 실제로 이루어진다는 것이다.

사회심리학 박사 허태균 작가의 저서 『가끔은 제정신』을 보면 '자기 충족적 예언'에 대해서 이렇게 설명하고 있다.

"우리는 다른 사람에게 어떤 기대(예언)를 품게 되면, 그 기대를 바탕으로 그 사람을 대한다. 예를 들어 그 사람이 괜찮은 사람이라 생각하거나 나한테 잘해줄 것 같으면, 그 사람에게 친절하게 대한다. 반대되는 기대를 품으면 불친절하게 대하게 된다."

일본 소프트뱅크의 회장 손정의에게 있어서 빼놓을 수 없는 인물이 있다. 그 사람은 바로 아버지인 '손삼헌'이다. 그는 어렸을 때부터 아들에게 '최고의 칭찬'을 해 주었다고 한다.

"넌 천재야!"

"넌 할 수 있어."

"반드시 위대한 인물이 될 거야."

손정의는 매일 아버지로부터 이 칭찬을 들으면서 자랐고 지금의 소프트뱅크 왕국을 실현할 수 있었다.

이것이 바로 잠재의식 속에서의 자기 자신에 대한 믿음이다. 스스로 자기 능력에 대해서 의심하지 않고 바로 지금 할 수 있다고 의식하는 것이다. 이것이 일종의 자기 최면과 같은 잠재의식 속에 있는 긍정의 힘이다. 마찬가지로 무슨 일이든 마음먹기에 달려 있다.

"무언가를 받고 싶다면, 믿는 마음으로 구하지 않으면 안 됩니다.

서비스를 파는 남자

당신의 마음은 생각에서 실제로 움직입니다. 정신적인 행위인 기도는 먼저 마음속에 그림으로써 받아들여지고, 그 후에 잠재의식의 힘이 작용하여 생산적이 되는 것입니다."

이는 앞에서 말한 조셉 머피 박사가 잠재의식에 요구하는 방법을 설명한 것이다.

고객이 없을 때일수록 고객을 맞이하는 연습을 해야 한다. 지금 고객이 매장을 방문했다고 한다면 어떻게 응대를 할까? 고객에게 어떤 말을 건넬까? 그리고 고객은 어떻게 반응할까? 나의 말 한마디에 적극적으로 반응을 보이고 웃어주는 고객의 모습을 상상해 보자. 그리고 너무도 쉽게 구매를 결정하고 지갑을 열어 카드를 꺼낸다고 상상해 보자. 실제로 고객이 하게 될 말 한 마디, 행동 하나하나까지도 디테일하게 상상하면 할수록 더 효과가 크다. 상상의 모습들이 현실로 나타나게 되는 것을 본다는 것이 얼마나 놀라운 경험이 되겠는가?

콜리 크러처가 쓴 『일렉트릭 리빙』이라는 책이 있다. 이 책에서는 잠재의식의 힘에 관해서 다음과 같이 설명한 부분이 나와 있다.

"긍정적으로 생각하면 당신의 인생은 긍정적으로 변하게 되고, 당신은 원하는 것을 얻게 됩니다. 반대로 부정적으로 생각하면 당신의 인생은 부정적으로 변하게 되고, 당신은 원치 않는 것을 얻게 됩니다."

인간의 무의식은 무언가를 반복해서 말할 때 더욱 활성화되며 그 힘이 점점 커지게 되어 있다. 이를 과학적인 단어로 확언 또는 어퍼메

이션(affirmation)이라고 한다. 마찬가지로, 자기 자신이 생각하는 모습, 즉 되고자 하는 모습을 반복해서 종이에 적는 것만으로도 엄청난 효과를 얻을 수 있는 것이다.

당신 자신에게 긍정적인 이미지를 불어넣고 싶다면 매일 아침 세 문장을 외쳐라!

"나는 오늘 기분이 좋다! 나는 오늘 건강하다! 나는 오늘 너무 멋있다!"

미국 역사상 최고의 세일즈맨이라고 불리는 클레멘트 스톤의 말이다. 그렇다면 우리도 이와 같이 매일 아침 눈을 뜨는 순간에 외쳐 보자.

"나보다 더 고객을 잘 아는 사람은 이 세상에 없다."

"나 이외에는 아무도 이 일을 할 수 있는 자가 없다."

"내가 바로 이 업계에서 최고의 챔피언이다!"

"세상은 나를 중심으로 돌아가는 것이다!"

'난 할 수 있다. 난 할 수 있다. 난 할 수 있다.'
그렇다. 나는 무엇이든 할 수 있다. 내가 그렇게 생각하고 말하고 있는 만큼 할 수 있다.

서비스를 파는 남자

반드시 'YES'를 이끌어 내는 마법의 주문

영화배우 '짐 캐리'가 주연한 〈예스맨〉이라는 영화가 있다. 주인공 칼 알렌(짐캐리 분)은 직업이 은행원이다. 항상 대출을 부탁하는 고객에게 "NO"라는 답변만 하는 게 그의 일상이다. 하루 중 거의 모든 답변이 "NO"인 것이다. 친구와의 약속도 거절하고, 가장 친한 친구의 약혼식도 참석하지 않는다. 그랬던 그가 '예스맨'이라는 강의에 참석하고 난 뒤 모든 답변이 "YES"로 바뀌게 된다. 그리고 이후에는 코미디 영화답게 받아들이기 어려운 모든 부탁에 모두 "YES"라고 답변하게 된다. 그러자 그의 일상이 긍정의 삶으로 바뀌게 된다는 것이 대략적인 영화의 줄거리다.

그렇다면 우리에게도 이처럼 고객이 무조건 'YES'라고 답변하게 할 수 있을까? "YES"를 외치게 만드는 마법의 언어, 일명 '매직 워드(Magic Word)'가 있을까? 답변은 당연히 '그렇다'이다. 의심에 의심을 거듭하겠지만 이런 말은 실제로 존재한다. 그리고 그 정답 또한 우리가 평소에

늘 사용하고 있는 것인데, 단지 그것이 정답이라는 사실만 모르고 있을 뿐이다.

그것은 바로 '고객이 처한 상황에 가장 적합한 질문을 하는 것'이다.

우리는 보통 질문이란 것은 내가 궁금한 것을 물을 때 사용하는 것이라고 알고 있다. 하지만, 영업인의 입장에서 보자면 질문에는 중요한 목적이 한 가지가 더 있다. 그것은 고객의 마음속에 숨어 있는, 진정으로 고객이 하고 싶은 말을 하게 만드는 것이다. 그리고 그것이 질문이 가진 가장 커다란 힘이기도 하다.

"찾으시는 상품 있으세요?"

"이거 신상품인데 아주 좋습니다."

"이번에 특별히 할인해 드리는 상품입니다."

고객을 보자마자 이렇게 무심코 먼저 말하게 되는 경우를 종종 볼 수 있다.

'고객이 어떤 상황에서 방문했을까?'

'어떤 상품에 관심을 갖고 있는 것일까?'

'과연 찾고자 하는 상품은 무엇일까?'

조금만 더 고객의 입장에서 생각해 보면 앞에서 했던 말보다는 좀 더 상황에 적확한 말을 할 수 있는데도 말이다. 그 상황에 적합한 최적의 질문을 하게 되면 마찬가지로 고객으로부터 답변을 들을 수 있게 되고, 그로부터 자연스런 대화로 이어지게 할 수 있다.

판매자 : 평소 옷을 고르실 때 한 시즌이 지나게 되면 다시 입기는 뭣하고 그렇다고 안 입기에는 아깝고 그런 경우가 있으시지요?

고객 : 예, 맞아요. 그럴 때가 있죠.

서비스를 파는 남자

판매자 : 이 제품의 경우 시즌별로 소품에 따라 연출하기에도 쉽고 해서 외출하는 목적에 따라 다양하게 연출할 수 있어요. 쉽게 질리지 않는다는 말이죠.

고객 : 그러네요. 저도 그럴 때마다 오늘은 무엇을 입을까 고민할 때가 많거든요. 그런 방법이 있었군요.

이와 같이 판매자는 고객의 일상적인 경험에 대한 동의를 구하는 질문으로 대화를 시작하는 것도 좋은 방법이다. 그리고 그럴 경우 고객의 입장에서도 평소 경험하기 쉬운 내용에 대해서 흥미를 느끼고 스스로 대화에 적극 동참하고 있는 것이다.

어릴 적 길거리 약장수라든가 전철 안에서 행상을 하시는 분들을 보았을 때, 그리고 점(占)집에서 점을 보면 느끼게 되는 공통점이 있다. 바로 상대방이 내 마음을 읽은 듯이 나에 관한 이야기를 하고 있다고 느끼게 되는 것이다. 하지만 알고 보면 그 원리는 아주 간단하다. 이 사람들은 질문에 능숙하다. 대중을 보면 던지는 질문도 마치 나를 향해 콕 집어서 던지는 질문처럼 느껴진다. 바로 이것이다. 누구나 일상 속에서 자주 경험하게 되는 이야기를 마치 나만을 위해 들려주듯이 이야기한다는 점이다. 우리가 TV 드라마에 빠져드는 이유도 그렇다. 그것은 드라마에 나온 주인공이 바로 내 얘기를 하고 있는 듯한 착각이 들기 때문이다. 바로 그것이 '공감'의 힘이다.

도로시 리즈는 그녀의 저서 『7가지 질문의 힘』에서 '질문'에 대해서 이렇게 설명하였다.

"질문을 바꾸면 세상을 바라보는 관점이 달라질 수 있다. 적절한 질문을 하면 앞을 향해 전진하고 어려운 시기를 통과할 수 있다. 보다 나은 질문을 하면 보다 나은 대답이 나오며, 보다 나은 대답을 하면 보다 나은 해결책이 나온다. 질문을 개선하면 가정과 직장에서의 대인관계가 개선된다."

이 책에서는 질문을 함으로써 얻을 수 있는 장점 7가지를 말한다.
첫째, 질문을 하면 답이 나온다.
둘째, 질문은 생각을 자극한다.
셋째, 질문을 하면 정보를 얻는다.
넷째, 질문을 하면 통제가 된다.
다섯째, 질문은 마음을 열게 한다.
여섯째, 질문은 귀를 기울이게 한다.
일곱째, 질문에 답하면 스스로 설득이 된다.
실제로 매장에서뿐만 아니라 일상생활에서 생각해 보면 저절로 고개가 끄덕여지게 하는 내용이다.

고객과의 상황을 다음과 같이 재연해 보도록 하자.
A매장 앞에서 큰소리가 난다. 보아하니 고객이 매장에서 화를 내고 있다.
고객 : 잔말 말고 지난번에 샀던 이 제품. 환불해 주세요.
직원 : 죄송합니다, 고객님. 이 제품은 상품에 이상도 없고 또 고객님께서 이미 사용하셨던 제품이기 때문에 환불은 어렵습니다.
고객 : 뭐라고요? 다시 말하지만 이 제품의 기능에 대해서 제대로 설명해 주시지 않았잖아요. 써 보니 기능이 기존에 사용하던 것과 별 차이를 모르겠던데 저에게 기존 제품보다 기능이 업그레이드되어서 출시된 좋은 제품이라고 했잖아요.
직원 : 예, 고객님 맞습니다. 기존 것보다 성능이 약 50% 향상되어서

나온 제품이에요.

고객 : 상품을 판매할 때 저에게 제대로 설명을 하셨어야죠. 안 그래요?

직원 : 아니 그게 아니라 저도 기억납니다. 설명을 하던 도중에 고객님께서 그냥 구매하신다고 하셔서요. 저는 그래서……

고객 : 그래서 뭐죠?

어떤 경우에는 A부터 Z까지 하나도 빠짐없이 설명을 해야 할 필요도 있고, 또 어떨 때는 가장 필요한 주요 기능만 설명을 해야 할 때도 있다. 그것은 상황에 따라 고객에 따라 다르다. 결코 어느 쪽이 맞는다고는 할 수 없는 게 또 고객응대의 방법이다.

결국 판매자의 입장에서 보자면 최초 고객을 응대하던 시점에 보았을 때 두고두고 아쉬움이 남았을 것임이 분명하다. 이렇듯 고객응대는 결코 정해진 매뉴얼대로 따라할 수 없기 때문이다. 그렇기 때문에 고객응대에서, 고객과의 대화에서 중요한 것이 바로 고객에 대한 질문이다. 상품에 대한 고객의 상황인식의 정도가 어느 정도 수준인지, 어느 기준에 맞춰 설명을 해야 할 것인지를 판단할 수 있도록 도와주는 도구, 그것이 바로 '질문의 힘'인 것이다.

"인간의 탁월함을 가장 훌륭하게 드러내는 방식은 자신과 타인에게 질문을 던지는 것이다."

바로 소크라테스의 말이다. 이처럼 적절한 질문은 아주 커다란 힘을 갖는다. 이것이 바로 질문이 가진 힘이고 질문으로 인한 효과를 말해주는 것이다.

판매자와 고객이라는 한정적인 관계뿐만 아니라 사람과 사람 사이라고 하면 으레 가장 우선적인 것으로 믿음, 즉 신뢰를 꼽는다. 하지만 신뢰라고 하는 것은 비단 어느 한 쪽만 실행한다고 해서 이루어지는 것이 아니다. 신뢰는 내가 상대방에게 그리고 상대방이 나에게 이렇게 상호간에 이루어지는 것이다. 둘이 함께 해야 하는 것이고 서로 먼저다 나중이다 할 수 없는 것. 동시적으로 만들어지는 것이기 때문에 그만큼 값지고 귀한 것이다.

결국 고객과의 대화는 건네는 쪽이나 받는 쪽이나 이런 신뢰를 바탕으로 만들어지는 것이다. 그리고 그 시작은 고객의 상황에 적합한, 오로지 내 앞에 있는 고객만을 위해 준비해 놓은 맞춤형 질문에서 시작된다.

내가 하고 싶은 이야기를 생각해서는 안 된다. '내 눈 앞에 있는 고객은 나에게 하고 싶은 이야기가 무엇일까'를 먼저 고민해야 한다. 그리고 모든 대화의 시작은 고객이 하고 싶은 이야기를 꺼내게 만드는 '질문'에서 시작되어야 한다. 진정으로 고객이 스스로 하고 싶은 이야기를 마음껏 할 수 있도록 만들어 주는 마법의 도구. 우리는 이 '질문'의 힘에 대해서 충분히 인식하고 지금보다 훨씬 더 많은 노력을 해야만 한다.

내가 알고 싶은 것을 묻지 말고 고객이 말하고 싶어 하는 것을 물어 보라.

22
service

고객이
열광하게 만들어라

우리는 스포츠 경기를 본다든가 유명 가수가 나오는 콘서트를
보게 되면 열광한다. 그곳에는 국내 최고, 나아가서 전 세계적
으로 유명한 스포츠 스타플레이어(축구계의 박지성 선수라든가 피겨계의 김
연아 선수와 같은)라든가 톱스타(가수 싸이라든가)가 등장하기 때문이다.
단순히 최고의 선수, 최고의 톱스타를 볼 수 있다는 것만으로도 흥
분하게 마련이다. 이러한 스타들을 평생에 단 한 번이라도 직접 보기
위해서 많은 돈을 내고 그토록 오랜 시간을 기다릴 수 있는 것이다.

그렇다면 내가 있는 매장의 경우로 생각해 보자. 고객응대를 업으
로 삼고 있는 사람들이라면 '고객을 왕으로 모셔야 한다'라든가 '고객
의 말씀은 무조건 옳다'라고 하는 사람이 많을 것이다. 실제로 사람
들은 '고객지향'이다 '고객중심'이다 모두들 이렇게 쉽게 이야기한다.
하지만, 이 글들은 머리로는 당연히 이해가 가지만 가슴으로는 선뜻
받아들이기 쉽지 않다. 왜 그럴까? 그것은 직접 나에게 와 닿는 그

'무언가'가 없기 때문이다.

그래서 우리는 기존과는반대의 경우를 생각해 봐야 한다. 상품을 판매하는 사람이 '스타'가 되고 고객이 그의 '열광적인 팬'이 되어야 한다는 것이다. 그럴 경우 가장 먼저 떠오르는 이미지는 무엇인가? 실제로 앞에 말한 대스타 수준까지는 아니겠지만 주변에서 이와 같은 매장은 얼마든지 볼 수 있다. 모든 고객이 유독 이 매장에만 오고 오로지 이 매장의 직원만 찾아오는 경우다. 혹시라도 그 직원이 없으면 먼 길을 마다하고라도 다시 재방문을 하는 것이다. 겉으로 보기에는 별 차이가 없을 것 같은데도 옆 매장에는 파리가 날리고 있는데도 말이다. 어떻게 이런 일이 가능할까?

이것을 알기 위해서는 그런 직원의 특징을 먼저 파악해 볼 필요가 있다. 이런 사람들에 대해서 고객의 느낌을 물어보면 공통적으로 다음과 같이 답한다.

- 그는 정직하거든요.
- 판매보다는 저와의 약속을 더 소중히 생각합니다.
- 결코 '안 됩니다.'라고 말하지 않아요. 어떻게 해서든지 대안을 찾아 주려고 노력합니다.
- 저에게 있어 가족과 같은 사람입니다. 아니 오히려 실제 가족보다 더 가족 같아요.
- 제가 단순히 물건을 사는 게 아니라, 그 이상의 무언가를 받는 기분 이에요.

무엇이 이들로 하여금 이렇게 답하도록 만들었을까? 공통점을 살펴보면 다음과 같다.

첫째, 고객의 생각을 함께 공유하고 함께 고민한다.

친한 사이끼리는 집안 수저가 몇 벌인지도 아는 사이라는 말이 있다. 그만큼 가깝게 지낸다는 말이다. 진정한 친구는 내 고민을 해결해 주는 친구가 아니다. 진정한 친구는 내 감정을 함께 나누는 친구다. 내가 힘들 때 함께 힘들어 해 주고, 내가 기쁠 때 함께 기뻐해 주고, 내가 아파할 때 함께 아파해 준다. 그것이 진정한 친구다.

여성의류 매장의 경우 십 년, 이십 년이 아니라 심지어 삼십 년 가까이 한 브랜드에서 근무하다가 진정한 정년퇴직을 하는 분들도 의외로 많다. 단순히 몇 년 동안 얼마를 벌었는가, 얼마나 많은 고정고객을 알고 있는가를 말하기에 앞서서 어떻게 그들이 그렇게 오랜 기간 근무할 수 있었는지에 대한 생각을 먼저 해보아야만 하는 이유인 것이다.

이처럼 진짜 최고의 판매자는 고객에게 있어 인생을 함께하는 친구와 같다. 단순히 상품을 팔고 사는 관계를 초월한 것은 기본이고 그들의 감정을 하나하나 다 함께 해 준다. 고객의 고민을 다 들어주고 함께 괴로워하고 함께 걱정해 주는 것이다. 고객에게 있어 이 곳 매장은 내 감정을 공유하는 곳이고 내 아픈 마음을 위로받는 곳이며, 내 기쁜 순간을 함께 환호하는 곳이다. 상품 구매는 덤인 것이다. 어찌 보면 주객이 전도된 상황이다.

메리 케이 화장품의 창업자 메리 케이 애시는 『핑크 리더십』에서 직접 고객을 상대하는 사람들에 대해서 이렇게 얘기했다.

"예나 지금이나 우리의 판매 조직에서는 성공을 위해 하는 모든 일은 다른 사람을 돕는 것을 기반으로 한다. 우리는 당신이 다른 사람들이 원하는 것을 얻도록 도와준다면 당신 또한 원하는 것을 얻을 수 있다고 진심으로 믿는다! 우리 기업에서 가장 성공한 사람들은 수많은 사람들이 성장을 할 수 있도록 도움을 준 사람들이다."

그렇다. 이들 매장의 특징은 말 한마디라도 다르다는 데 있다. 고객의 마음을 헤아리고 전혀 부담 없이 언제든지 방문하게 만드는 가슴 속에서 느껴지는 바로 그 '무언가'가 있기 때문이다.

둘째, 개인별 맞춤 서비스를 철저하게 지킨다.
고객의 개인별 기호에 대해서 본인보다도 더 잘 알고 있다. 단순히 겉으로 보이는 모습뿐만 아니라 그 심리까지도 꿰뚫어 본다.

고객 A : "정말 놀랐어요. 저보다 저에 대해서 더 잘 알거든요. 한편으로는 조금 무서운 생각도 들더라니까요. 제가 요새 스트레스를 좀 많이 받았거든요. 그래서 과식을 좀 했다고 생각했는데……. 아주 조금 살이 더 쪘다고 생각했거든요. 무의식적으로 옷을 고를 때도 '조금 조심해야겠다.'라고 생각했었는데 단번에 제 마음을 알고 먼저 말을 꺼내는 거 있죠. 사이즈도 사이즈지만 더 날씬해 보이는 색상에 대해서 작은 목소리로 권해주는 거예요. 전 순간 얼마나 놀랐는지 몰라요."

이렇듯 고객 스스로도 몰랐던 사실에 대해서 더욱 챙겨주는 모습이 진정한 프로의 모습이다. 웬만큼 고객의 기호에 대해서 파악하고 있지 않으면 어려운 상황인 것이다.

셋째, 모든 고객과의 업무는 약속을 위주로 한다.

'언제든지 오세요. 저는 당신을 기다릴게요.' 이런 말은 영화 속에서나 나옴직한 대사다. 실제로 최고 베테랑의 경우 고객에게 절대로 이렇게 말하지 않는다. 조금 불편하더라도 조금 더 완벽한 상황을 위해서 고객과 만날 약속을 잡는다. 지금 당장 해줄 수 있는 것보다도 고객에게 완벽한 상황을 드리고자 노력한다. 그리고 그러는 편이 어찌 보면 본인을 위한 것이라고도 말한다.

"힘들 때가 왜 없겠습니까? 저도 사람인데. 당장 바쁘고 그럴 때는 마음속으로 '욱' 하고 유혹이 생길 때도 많죠. 일단 있는 상품을 그냥 드려도 솔직히 고객은 잘 모를 수도 있거든요. 하지만 완벽하게 준비된 상품을 고객께 드려야만 한다는 내 마음 속의 목소리가 저를 붙잡습니다. 혹시나 조금 부족한 상품을 드렸다는 사실을 알게 되면 저는 그날 밤에 잠을 못 잡니다. 그리고 다음날 아침에 즉시 연락을 드리죠. 제가 고객을 찾아뵙고 얼른 바꿔 드립니다. 그게 마음 편합니다. 장사 하루 이틀 할 것도 아닌데요. 뭘."

여성의류를 판매하고 있는 K의 말이다. 우리의 매장도 이와 같아야 한다. 사전에 반드시 좋은 상품, 좋은 가격에 대해서 내 단골고객에게 풍부한 혜택을 줄 수 있도록 하고, 명확한 시간약속을 한다면 고객은 끊임없이 내 매장을 순서대로 방문할 것이다. 마치 자석에 끌려가듯 자연스럽게 말이다.

진정으로 고객을 먼저 생각하는 사람들은 당연히 처음 오는 고객보다는 단골고객 위주로 영업을 한다. 그리고 그 약속에 대해서는 무서울 정도로 집념이 강하다. 고객 자신보다 고객에 대해서 더 잘 알고 있는 사람. 고객의 마음 깊숙하게 잠들어 있는 생각까지도 일깨워서 고객에게 감동을 주는 사람. 고객의 성향, 감정, 생각까지도 읽어내고 바라는 것, 원하는 것을 충족시켜 주는 사람. 이들의 처음 시작은 고객의 습관, 즉 과거의 행태에 대한 관찰에서 시작하지만 얼마 지나지 않아서 고객의 행동을 예측해 준다. 이러니 열광하지 않을 수 있을까?

앞에서 언급한 이 세 가지 공통점을 가진 판매자를 만났을 때 고객은 마치 스타를 만난 것처럼 진심으로 열광한다. 그리고 사실 이들은 고객에게 있어 남부럽지 않은 진정한 스타다.

스타는 누구나 될 수 있지만 아무나 할 수는 없다. 우리에게
진정한 팬으로서의 고객은 몇 명이나 될 것인가?

23
service

'예' 하게 하지 말고
'아' 하게 하자

매장에서 고객을 만나는 순간을 포함해서 우리는 매일매일 수많은 사람을 만난다. 인사와 같은 단순한 대회를 나누기도 하고 일상생활에 대해서 이야기하기도 한다. 그러는 와중에도 비교적 난이도가 낮은 간단한 대화에서부터 난이도가 매우 높은 판매를 위한 설득을 하기도 한다. 고객을 대하는 판매자의 태도에도 분명히 수준에 따른 단계가 있다. 여기서는 두 가지 단계로 설명하고자 한다.

고객을 대하는 첫 번째 자세는 고객과의 공감이다.

만약, 중요한 비즈니스 거래에서 잘못된 매출액에 대한 예측으로 인해 커다란 손해를 보게 되었다면, 상대방에게 일방적으로 손해를 보라고 말할 수 있을까? 아니면 내 쪽에서 일방적으로 그 손해를 볼 수 있을까? 어느 쪽이든 결코 쉽지 않을 것이다. 서로 간에 타협을 하고 설득을 해 봐야 하기 때문이다. 그렇다면 이와 같은 설득에 있어서 가장 중요한 것은 무엇일까? 그 시작은 '고객과의 상호 이해'에서 출발한다. 내 입장은 당연히 내가 알고 있다. 하지만 상대방의 입장에 대해서는 내가 정확하게 알고 있지 못한다. 그래서 많은 대화를 하는 것이고 소통을 하는 것이다. 그리고 서로간의 입장에 대해서 이해가 되었다고 판단되는 순간 서로를 이해하는 마음 즉 '공감'이 형성되는 것이다.

단지 이 순간, '아주 작은 상품이라고 하더라도 어떻게 해서든 내 눈 앞에 있는 고객에게 팔아야지' 하는 마음을 갖고 고객을 대한다면 그것은 고객을 대하는 것이 아니라 고객이 가진 돈을 대하는 것이다. 그것은 그 순간만을 위한 1회성 고객응대에 지나지 않는다. 그리고 1회성 고객응대는 병에 든 탄산음료와 같은 것이다. 병을 따는 순간에는 '뻥!' 하고 시원한 소리와 함께 거품이 일어나지만 한동안 시간이 지나면 이내 김이 빠져버리고 만다. 이처럼 이제 막 시작하는 단계나 단발적인 1회성 관계에서는 공감의 힘이 매우 작을 수밖에 없다. 진정한 공감은 평생을 함께하는 친구와도 같다. 함께 어깨동무를 하고 먼 길을 떠날 수 있는 동행의 관계에서는 '공감'의 힘은 점점 더 위력을 발휘하기 때문이다.

예전에 인터넷으로 받은 메일에 다음과 같은 내용이 담겨 있어서 읽다가 무릎을 탁! 하고 친 적이 있다.

한 이발사가 자신의 기술을 전수하기 위해 젊은 도제를 한 명 들였다. 젊은 도제는 3개월 동안 열심히 이발 기술을 익혔고 드디어 첫 번째 손님을 맞이하게 되었다.

서비스를 파는 남자

그는 그동안 배운 기술을 최대한 발휘하여 첫 번째 손님의 머리를 열심히 깎았다. 그러나 거울로 자신의 머리 모양을 확인한 손님은 투덜거리듯 말했다.

"머리가 너무 길지 않나요?"

초보 이발사는 손님의 말에 아무런 답변도 하지 못했다. 그러자 그를 가르쳤던 이발사가 웃으면서 말했다.

"머리가 너무 짧으면 경박해 보인답니다. 손님에게는 긴 머리가 아주 잘 어울리는 걸요."

그 말을 들은 손님은 금방 기분이 좋아져서 돌아갔다.

두 번째 손님이 들어왔다. 이발이 끝나고 거울을 본 손님은 마음에 들지 않는 듯 말했다.

"너무 짧게 자른 것 아닌가요?"

초보 이발사는 이번에도 역시 아무런 대꾸를 하지 못했다. 옆에 있던 이발사가 다시 거들며 말했다.

"짧은 머리는 긴 머리보다 훨씬 경쾌하고 정직해 보인답니다."

이번에도 손님은 매우 흡족한 기분으로 돌아갔다.

세 번째 손님이 왔다. 이발이 끝나고 거울을 본 손님은 머리 모양은 무척 마음에 들어 했지만, 막상 돈을 낼 때는 불평을 늘어놓았다.

"시간이 너무 많이 걸린 것 같군."

초보 이발사는 여전히 우두커니 서 있기만 했다. 그러자 이번에도 이발사가 나섰다.

"머리 모양은 사람의 인상을 좌우한답니다. 그래서 성공한 사람들은 머리 다듬는 일에 많은 시간을 투자하지요."

그러자 세 번째 손님 역시 매우 밝은 표정으로 돌아갔다.

네 번째 손님이 왔고 그는 이발 후에 매우 만족스러운 얼굴로 말했다.

"참 솜씨가 좋으시네요. 겨우 20분 만에 말끔해졌어요."

이번에도 초보 이발사는 무슨 대답을 해야 할지 몰라 멍하니 서 있기만 했다. 이발사는 손님의 말에 맞장구를 치며 말했다.

"시간은 금이라고 하지 않습니까? 손님의 바쁜 시간을 단축했다니 저희 역시 매우 기쁘군요."

그날 저녁에 초보 이발사는 자신을 가르쳐준 이발사에게 오늘 일에 대해서 물었다. 이발사는 말했다.

"세상의 모든 사물에는 양면성이 있다네. 장점이 있으면 단점도 있고 얻는 것이 있으면 손해 보는 것도 있지. 또한 세상에 칭찬을 싫어하는 사람은 없다네. 나는 손님의 기분을 상하게 하지 않으면서 자네에게 격려와 질책을 하고자 한 것뿐이라네."

- '세상의 모든 명언' 중에서

이 글은 단순히 고객의 기분에 따라 말장난과 같은 서비스를 하라는 게 결코 아니다. 오히려 그보다 훨씬 더 깊은 서비스의 근본적인 목적이 숨겨져 있다고 나는 생각한다. 그것은 바로 고객으로부터 공감의 힘을 불러일으키는 능력이다. 모든 고객이 똑같은 서비스를 원하는 것이 아니듯, 모든 고객에게 똑같은 서비스를 할 수는 없다. 그리고 똑같은 서비스를 해서는 결코 안 된다. 이 때 필요한 것은 고객의 마음을 읽고 고객이 진정으로 바라고 원하는 것은 무엇인지 그리고 그와 같은 마음으로 고객을 대하려고 노력하는 태도다. 이것이 바

서비스를 파는 남자

로 '공감의 힘'이다.

실제로 매장에서 '친절'의 정의에 대해서 매장에서 물어본 적이 있었다. (당연한 얘기지만 단 하나의 결론이 있는 것은 아니다.) 참으로 다양한 답변이 나왔다.

'웃는 얼굴', '합리적인 가격', '만족스런 상품의 질', '상품의 다양성', '구매하지 않고 입어 볼 수 있는 부담 없는 분위기', '마음 편하게 환불 또는 교환할 수 있는 여건'.

그렇다. '친절'은 상황에 따라서 고객이 다양하게 느낄 수 있는 것이다.

지금 당장 형편이 어렵거나 금방 사용하고 버릴 수도 있는 상품을 원하는 고객에게는 '저렴한 상품'이 친절이다. 가격에 구애받지 않고 남들과 차별화된 상품을 원하는 고객에게는 '비싸고 희소성이 있는 명품'이 바로 친절이다. 시간이 없어서 급하게 상품을 구매하고자 하는 고객에게는 '스피드'가 곧 친절이고, 무엇이든 구매할 때 돌다리도 두들겨 보듯 설명을 들어야 직성이 풀리는 고객에게는 '백과사전과 같은 설명'이 곧 친절인 것이다.

결국 고객이 원하는 '친절'이 무엇인지 파악하고 그 요구에 맞춰 정확하게 응대하는 것이 친절한 사람인 것이다. 그렇게 고객과 공감하는 순간 '친절한 사람'이 되는 것이다.

상품에 대한 자세한 지식은 판매를 하고자 하는 판매자의 입장에서는 당연하다. 하지만, 그것을 자세하게 잘 알고 있다고 해서 고객이 그 설명을 받아들이는 것은 아니다. 결국 중요한 것은, 상품 지식은 조금 부족하더라도 더 열심히 고객에게 다가가고자 노력하는 모습에 '공감'한다는 것이다. 고객과 판매자를 연결해 주는 가장 큰 힘은 바로 이 '공감'에 있다. 공감의 힘은 상호간의 입장에 대해서 머리로 이해하는 것을 넘어서 가슴으로 함께 하는 것이다. 그 순간부터 기존의 모습과는 달리 몇 단계 더 깊이 있는 관계로 발전하게 되는 것이다.

고객을 대하는 두 번째 단계, '공감'보다는 '동감'이다.

멋진 영화를 보고서, 훌륭한 책 한 권을 읽고서 느낀 감동을 주위 사람에게 전해 주고 싶다. 그렇다면 그 사람도 나와 같은 감동을 느꼈을까? 만일 비슷한 정도라고 한다면 공감이다. 함께 그 기분을 느끼는 것이다. 그렇지만 비슷한 게 아니라 똑같은 기분을 느꼈다면 동감이다. 공감이 아니다.

아내의 출산과 때를 맞춰서 남편도 출산 통증을 느끼는 경우가 있다. 생물학적으로는 도저히 불가능하지만 심리학적으로는 가능한 것이 남편의 출산통증이다. 내가 사랑하는 아내가 죽기 살기로 새로운 생명을 태어나게 하기 위해서 지금 고통을 겪는다. 아내의 고통을 보는 것만으로도, 아내의 신음소리를 듣는 것만으로도 남편은 아내와 똑같은 고통을 겪는 것이다. 그것이 바로 동감이다.

가네히라 케노스케가 쓴 책『거울은 먼저 웃지 않는다』에 보면 이런 이야기가 있다.

제약회사에 다니는 A씨가 들려준 이야기다. 바르는 약에 이물질이 섞여 있다. 어떻게 할 것인가? 고객이 강한 어조로 항의를 해왔다. 담당자가 곧바로 달려 나갔다. 그리고 성의를 다해서 사과했다. 그런데 상대는 용서해주지 않았다. 어떻게 할 수 없었다. 그때 다른 사람이 나섰지만 그래도 용서해주지 않았다. 부하들은 어찌할 바를 모르고 있었다. 바로 그때 멋진 말을 했다.

"어려울 때일수록 상사가 나서야지."

그리고 혼자서 그 고객의 집으로 찾아갔다. 상대의 표정은 매우 딱딱했다. 하지만 나는 사과를 하기에 앞서서 상대의 몸에 이상이 없는지가 더 걱정되었다.

"몸은 괜찮으십니까?"

나의 이 말에 고객은 빙그레 웃으며 말했다.

"그 한마디 말이 듣고 싶었습니다. 전에 왔던 사람들은 그저 변명만을 늘어놓았을 뿐이거든요. 이제 마음이 풀렸습니다."

"몸은 괜찮으십니까?"

이것이 바로 고객의 상황을 정확하게 생각하고 던진 단 한마디다. 백 마디 부연설명도 필요 없다. 어쭙잖은 변명으로밖에 들리지 않는다. 고객은 진심이 담긴 이 한 마디에 마음이 열린 것이다. 이 한 마디로 지금까지의 실수 대부분을 만회할 수 있었던 것은 그 안에 숨겨진 마음이 있기 때문이다. 그것은 이 한 마디 안에 '나는 당신의 상황을 충분히 이해하고 있습니다. 진심으로 죄송합니다.'라는 뜻이 담겨 있기 때문이다. 이것이 바로 '동감'만이 줄 수 있는 힘이다.

우리는 이와 같이 고객을 대하는 자세에 있어서 고객의 입장을 이해하려고 노력해야 한다. 그냥 말로만 '이해합니다, 공감합니다.'가 아니다. 죽기 살기로 그 순간만큼은 고객과 함께 호흡하고 고객과 함께 바라보며 고객과 함께 생각해야 한다. 그것이 바로 '동감'이다.

하루는 백화점 매장 폐점 시간이 다 되었을 시각이었다. 평소에 고객과의 약속은 완벽하리만큼 철저한 C매니저가 내게 다가와서 이렇게 말하는 것이었다.

"오늘 이불을 배송 받으신 고객인데 한쪽 끝이 약간 훼손되어 있는 것 같다고 하십니다. 아마도 배송 시에 그랬던 것 같아요. 매장에서 상품을 확인할 때는 분명히 아무 이상이 없었거든요. 그래서, 지금 고객님 댁에 가야할 것 같습니다."

"혹시 고객님께서 오늘 당장 사용할 예정이라고 하셨는지요?"

"아닙니다. 나중에 사용하실 거라고 하셨는데 그래도 지금 당장 다시 배송해 드려야 제 마음이 편할 것 같아서요."

다음 날 배송은 잘 되었는지 내가 물었더니 C매니저는 이렇게 대답했다.

"사실 어제 당장 배송해 드리지 않아도 상관없었을지도 모릅니다. 십몇 년 전 백화점에서 근무하기 전의 일입니다. 제가 백화점에서 이불을 산 적이 있었습니다. 제가 고객이었었죠. 지금과 비슷한 경우인데요. 그때 저는 근무하는 직원에게 매우 화를 냈었습니다. 상품 확인도 제대로 하지 않고 배송을 보냈느냐고 말이죠. 지금 생각해도 그때의 제 모습에 부끄럽기 짝이 없습니다. 분명히 이 번 고객님은 별 말이 없으셨지만 저는 그때의 제 기분을 아직도 기억하고 있습니다."

C매니저는 고객의 전화를 받는 순간 십 몇 년 전의 자기의 모습이 그대로 생각이 났다고 했다. 완벽한 '동감'의 순간이 아닐 수 없는 것이다.

"자 이제 이해가 되시죠, 고객님?" 하고 묻는 질문에 "예! 그렇습니다."라고 대답하는 고객은 그다지 많지 않다. 반면에 '고객 입장에서의 진심이 담긴 태도와 말 한마디'를 보여주었을 때 고객은 자기도 모르게 '아~' 하고 입에서 탄성이 나온다. 진정한 서비스ㅅ은 고객으로 하여금 의식적으로 '예!'라고 답하게 해서는 안 된다. 고객 스스로 자기도 모르게 '아!' 하게 만들어야 하는 것이다.

고객의 마음과 비슷해지도록 노력해 보자. 그것은 '공감'이다.
고객의 마음과 똑같아지도록 노력해 보자. 그것은 '동감'이다.

저절로 팔리게 하는
마법의 기술

'말을 물가에 끌고 갈 수는 있지만 물을 먹일 수는 없다.'

고객을 상대하는 영업인의 입장을 대변하는 최고의 표현이라고 할 수 있다. 고객은 스스로 생각하기에 자기의 의지로 내 매장을 선택해서 왔다고 생각하기를 좋아한다. 할인가격이라든가 사은품에 '혹' 해서 직원의 꼬임에 넘어가서 왔다고 생각되어지는 것을 가장 싫어한다. 최근에 이런 고객을 일컬어 유행하는 단어가 바로 '호갱님'이란 말이다. 이는 '고객님 + 호구'의 합성어로서 호구 노릇을 하는 어리석은 고객이라는 뜻이다. 그러니 본인이 이렇게 불린다는 것을 알면 그 기분이 어떨까? 실제로 고객의 입장에서는 판매자의 끈질긴 구애에 의해서 왔든지, 아니면 마음에 드는 상품이 있든지, 가격이 너무도 저렴해서 왔든지, 어쨌든 간에 본인의 의시에 의해서 왔다고 생각하는 것을 좋아한다. 본질을 들여다보면 당연히 내 노력에 의해서 고객이 방문했다고 할 수 있겠지만, 그게 무슨 차이가 있을까?

서비스를 파는 남자

최고의 판매자는 고객에게 제안은 하되 강요는 절대 하지 않는다. 단 1%라도 강매를 당한다고 생각하면 지금까지 이루어 놓은 당신의 명성은 하루아침에 물거품이 되는 것이다.

'선택은 고객이 하는 것이라고 믿게 하라.'

마케팅 용어 중에 '넛지 효과(Nudge Effect)'라고 하는 말이 있다. 넛지는 우리말로 팔꿈치라는 뜻이다. 넛지 효과란 '옆구리를 팔꿈치로 슬쩍 찌르다'라는 말로 '상대방에게 강요는 하지 않되 내가 원하는 선택을 하도록 유연하게 개입한다.'라는 뜻이다.

그렇다면 '팔고 싶다'와 '팔 수 있다'의 차이가 무엇일까? 이 둘은 언뜻 들어보면 비슷한 말처럼 느낄 수도 있지만 사실 이를 들여다보면 이 둘 사이에는 엄청난 차이가 있다. '팔고 싶다'는 것은 내 의식이 은연중에 '팔고 싶은데 못 팔고 있다. 그래서 안타깝다'라는 부정적 이미지를 내포하고 있다. 즉 '팔고 싶다'는 '팔 수 없다'는 생각을 뜻한다. 반면에 '팔 수 있다'는 말 그대로 자신감이다. 이것은 미래형이 아니라 현재형이다. 앞으로 나에게 올 고객에게 '팔 수 있을 것이다'라는 미래형이 아니라 당연히 나는 지금 당장 '팔고 있다'라는 현재형의 자기 확신이다. 단순한 현재형의 자기 확신보다 강한 것이 있을까? 있다. 당연히 있다.

여기서 판매자의 생각이 무엇보다 중요하다. 이 순간에 바로 이 한마디를 명심해야 한다.

"이미 팔았다고 생각하고 고객을 대하라!"

사람들은 무언가를 원할 때는 지금 현재 자신이 갖고 있지 않음에 집착하고 있다는 것을 간과하고 있다. 나에게 지금 '없으나' 앞으로 '갖고 싶다'는 것이다. 이것은 아주 극히 미세한 차이처럼 여겨질 수 있지만 실제로는 그 차이가 매우 큰 것이다. 우주의 법칙이라고 할 수 있는 이것은 자신이 바라는 바를 지금 느끼고 그것을 믿는 자에게는 주어지는 법이기 때문이다.

　정말 장사가 안 되는 힘든 날. 영업시간도 거의 끝나갈 무렵. 방문하는 날이면 어김없이 큰 매출을 올려주는 단골 고객을 보았을 때의 느낌을 생각해 보자. 그 단골고객을 보는 순간 사막 한 가운데의 오아시스를 본 것보다 더 큰 기쁨을 느낄 수 있을 것이다. 그 기분이 바로 핵심 포인트다. 얼마짜리를 살 것인가는 상관없이 단지 그 고객을 만났을 때의 느낌, 그 순간의 나의 느낌이 중요한 것이다.

　네빌 고다드는 그의 저서 『믿음으로 걸어라』에서 원하는 것을 얻는 방법에 대해서 다음과 같이 말했다.

　"무언가를 이미 가졌다고 인식하면서 여전히 그것을 갖고자 하는 욕망이 있을 수는 없다. 그래서 원하는 모습이 되었다는 느낌을 의식에서 지녔다면 그 욕망은 먼저 사라지고, 그 후에 현실에서 나타난다."

　그렇다. 자기 자신이 간절히 원하는 것, 간절히 소망하는 것은 '이미 그것을 받았다고 믿어야 한다.' 그러면 이루어지게 되어 있다. 내 앞에 고객이 있다면 '이 고객에게 반드시 판매를 하고 싶다.'라고 생각해서는 안 된다. 그것은 '판매하고 싶은데 어려울 것이다.'라는 거꾸로 된 결과를 초래할 것이기 때문이다. '나는 지금 내 앞에 있는 고객님

　　　　　　　　　　　　서비스를 파는 남자

께 이미 바라는 상품을 판매하였다. 그리고 그 고객은 이 제품을 구매함으로써 진심으로 기뻐하고 있다.'라고 생각해야 한다. 결과를 지향하지 말고 결과로부터 생각할 줄 알아야 한다는 뜻이다.

생각해 보자. 단골고객이 매장을 방문했을 때 우리가 기뻐하는 이유는 무엇일까? 그것은 원시적인 감정이겠지만 말 그대로 '단골고객이 왔으니 당연히 살 것이다.'라는 암묵적인 예상이기 때문이다. 설사 오늘 당장 구매하지 않더라도 '다음번에는 당연히 나에게 와서 사 줄 것이다.'라는 자기 스스로의 확신이 있는 것이다. 그렇다면 오늘 처음 방문한 고객일지라도 단골고객인 것처럼 내가 생각해 보는 것은 어떨까? 단골고객처럼 이미 나에게서 몇 번 구매해 주셨다고 생각한다면 훨씬 더 친근하게 대할 수 있을 것임이 분명하다.

찰스 해낼이 쓴 『성공의 문을 여는 마스터키』라는 책을 보면 이런 문구가 있다.

"우리는 먼저 원하는 바가 이미 충족되었다고 믿어야 한다. 그러면 실현될 것이다. 이것은 특정한 소망이 이미 사실로 존재한다고 우주의 마음에 각인함으로써 생각의 창조력을 활용하는 간단한 지침이다."

이것이 바로 내가 되고자 하는 바, 되고자 하는 사람, 갖고자 하는 것을 가질 수 있는 유일하고도 가장 빠른 방법이다. 자신이 바라는 바를 마음 속 깊이 생각하고 이미 그것을 받았다고 생각하는 것이 최선의 방법인 것이다.

'무슨 일이 있어도 이 고객께 팔아야만 한다.'가 아니다. '나는 이 고객게 이미 이 상품을 팔았다. 그리고 고객은 자신이 구매한 상품에 만족하고 감동하고 있다.'라고 생각하는 것이다. 그렇게 생각하면 내 눈 앞에 서 있는 이 고객은 얼마나 더 고맙게 느껴질까?

'이분은 방금 전 나에게서 상품을 이미 구매하신 분이다. 더 잘 응대해야 한다.'

사실 이런 마음을 먹고 응대를 한다면 고객이 먼저 알고 그 마음을 느낀다. 이런 마음을 가지고 응대를 하는 직원을 보면 어떻게든 그 순간을 놓치지 않고 팔고자 하는 사람과는 비교도 할 수 없는 무언가가 느껴지기 때문이다. 단골고객을 보면 일단 반가운 느낌과 함께 기분이 좋다. 그것은 지금까지 매장에 오게 되면 거의 다 구매를 해 주셨기 때문이다.

아마추어는 고객이 제발 내 매장에 한 번 들어와 주셨으면 하고 애타는 심정으로 고객을 바라본다. 그렇지만 프로는 이와는 180% 다르다. 멀리서 지나가는 고객만 바라보더라도 자신의 상품을 고객에게 눈으로 매치해 보는 것이다. 만약 의류일 경우, '저 고객은 내 매장의 A상품을 입으시고 거리를 나선다면 참으로 어울리시겠구나.' 그렇게 이미 고객이 입고 있는 모습을 상상해 보는 것이다. 그리고 고객이 즐거워하는 모습을 마음속으로 확신한다. 만약 그 고객이 실제로 이 매장에 들어오게 된다면 고객은 반드시 구매할 것이다. '고객이 이미 A상품을 입고 즐거워하는 모습을 보았기' 때문이다.

아침에 일어나면 자신의 하루에 대해서 마음속으로 그려보자. 오늘은 어떤 고객을 만나게 될까? 당신이 바라고 있는 모습의 고객과의 만남을 머릿속으로 그려라. 고객의 모습을 무한하게 상상하라. 성

　　　　　　　　　　　　　　　　　서비스를 파는 남자

별, 나이, 외모, 방문시간, 사고자 하는 상품. 무엇이든지 좋다. 마음
껏 상상하라. 그리고 그 고객을 대하는 자신의 모습을 그려라. 대화
내용을 상상하고 응대하는 모습을 상상하라. 고객은 기분 좋게 선뜻
내 제안을 받아들였고 기쁜 마음으로 상품을 구매했다. 서로 간에
즐거운 대화가 이어졌고, 오늘도 기분 좋은 하루가 될 수 있었다는
것을 말이다. 이것이 바로 결과를 생각하는 것이 아니라 결과로부터
생각하는 방법이다. 내일은 오늘과는 확연히 다를 것이다. 우리는 이
미 저절로 팔리게 하는 마법의 기술을 배웠기 때문이다.

 이미 팔았다고 생각하자! 그러면 당연히 팔 수 있을 것이다.

25
service

경험담은
최고의 셀링 기법이다

실험을 통해 경험을 얻을 수 없다. 만들 수도 없다. 반드시 겪어야 얻는다.
- 알베르 카뮈

판매하는 사람의 입장에서 가장 고마운 고객은 어떤 사람일까? 무조건 묻지도 따지지도 않고 상품을 구매해 주는 사람일까? 아니면, 어쩌다 한 번 얼굴을 잊을 만하면 나타나서 갑자기 많은 상품을 사주는 고객일까? 둘 다 고마운 고객임은 분명하지만, 판매에 종사하는 사람들 중 많은 사람들의 이야기는 이와는 사뭇 다르다. 많은 판매인들이 답하는 고마운 고객은 의외로 단 한 번을 구매하더라도 그 상품의 사용자로서 진지하게 사용 후기를 들려주는 사람이다.

왜일까? 막상 어려울 것 같지만 생각해 보면 의외로 간단하다. 상품을 판매하는 사람들은 결코 로또, 즉 1회성 대박으로 끝날 사람들이 아니다. 그들 중에 단 한 번의 판매 기회로 삶을 영위하는 사람은 단 한명도 없다. 오히려, 꾸준한 고객관리, 입소문을 통한 지속적인 판매의 유지를 통해서 현재의 자리를 지키는 사람들이기 때문이다. 그렇기 때문에, 판매하는 상품에 대한 고객들의 만족, 불만족 등 여

서비스를 파는 남자

러 가지 후기에 대해서 듣고 아는 것이 훨씬 이득이 되는 것이다.

다시 말해 상품을 판매하는 사람의 입장에서 보았을 때 최고의 고객은 바로, 상품을 직접 사용해 보고 그 경험담을 들려주는 고객이다. 그 상품이 본인이 사용하기에 얼마나 편한지, 반대로 어떤 부분이 불편한지, 사용하는 연령층에 따라서는 어떤지, 얼마나 자주, 그리고 꾸준히 사용하게 되는지 등 판매자 입장에서는 정말로 소중한 자료이자 노하우가 되는 것이다.

최근 인터넷에 '파워 블로거'로 알려진 사람들의 글을 보면 금세 이러한 분위기를 느낄 수 있다. 그들이 자신의 블로그에 써 놓은 그 몇 줄의 글은 단순히 읽고 지나칠 수 있는 글이 아니다. 그들의 글은 그 상품을 아직 경험해 보지 못한 새로운 구매자들에게 있어서는 거의 '정답'에 가까운 제안서인 셈이다. 현재를 살아가는 우리들은 이 글을 통해서 먹고 싶은 것, 가고 싶은 곳, 갖고 싶은 것을 미리 검색해서 그 경험담을 대부분 그대로 믿어버리는 것이다.

사전에 상품을 경험해 본 사람의 글은 아직 그 상품을 겪어 보지 못한 사람들, 나아가 그 상품을 사고자 하는 사람들에게 있어 빼놓을 수 없는 중요한 역할을 하고 있다. 요즘은 SNS를 타고서 실시간으로 전 세계에 중계되는 시대다. 한 사람의 작은 경험담도 그렇다. 경험보다 소중한 것은 없다.

가전제품을 담당하고 있을 때의 일이다. 당시 나름 얼리어답터라고 불리는 B매니저가 있었다.

"지난주에 에스프레소 머신 신제품이 샘플로 들어왔습니다. 그래서 저는 생각할 틈도 없이 제가 그 제품을 가장 먼저 구입했습니다."

순간 나는 내 귀를 의심했다. 값이 싼 것도 아니고 그렇다고 해서 무턱대고 커피를 좋아할 리도 만무하다고 생각했기 때문이었다.

"에스프레소 머신의 경우 현재는 가격이 상당히 높습니다. 그리고 향후의 가능성 또한 그만큼 높습니다. 이번에 신제품을 출시한 D브랜드의 경우 전 세계적으로는 점유율이 높지만 아직 국내에는 덜 알려져 있습니다. 이번에 수입원이 바뀌고 나서 공격적으로 영업을 전개할 것으로 보이는데 그냥 브랜드를 아는 정도에 그칠 수는 없는 일입니다. 무엇보다도 내가 먼저 사용해 보고 제가 판매하는 제품과의 장단점 차이를 알아야 고객에게도 자신 있게 설명할 수 있을 거라고 생각했기 때문입니다. 사실 저는 개인적으로 바리스타 자격증 공부를 하고 있습니다. 단순히 머신만이 아닌 커피를 즐기는 고객들을 이해하기 위해서는 반드시 필요하기 때문입니다. 이 비싼 머신을 구입한 이유도 거기에 있습니다. 전 이 선택이 평생 제가 선택할 직업이라고 생각합니다."

진정한 프로로서의 자신감이 배어 나오는 말이 아닐 수 없다고 생각했다. 그렇다. 내가 써보지도 않은 상품을 고객에게 설명하기는 얼마나 어려울까? 입장을 바꿔서 당신이 고객이라면, 상품을 사용해 본 적도 없는 것 같아 보이는 판매자의 말을 믿고 그 상품을 구매할 수 있을까?

여기 우리나라 벤츠 판매왕이 있다. 그것도 한 해 두 해가 아니라 7년 연속이다. 평범한 샐러리맨인 그가 벤츠 세일즈맨으로 직업을 바꾼 뒤 벤츠에 대해서는 고객에게 누구보다 더 잘 알고 있다고 자부한다. 벤츠 세일즈왕 신동일. 그의 저서 『죽기 살기로 3년만』을 보면 고

서비스를 파는 남자

객을 대하는 판매자의 입장에서 상품에 대한 자신의 경험이 얼마나 소중한지에 관해 자세하게 말하고 있다.

"내가 벤츠를 구입한 것은 나름대로 계산이 있었다. 벤츠를 많이 팔아서 벤츠를 타는 사람이 되기보다는 벤츠를 팔기 위해서 먼저 벤츠를 타는 사람이 되는 게 이 업계에서 성공하는 길이라고 생각했다. 그 방법은 주효했다. 교육에도 눈높이 교육이라는 말이 있지 않은가. 판매업계에서는 흔히들 강조하는 말이지만 나는 늘 고객의 입장이 되어 고민해보아야 한다고 생각했다.

내가 고객이라면 어떤 사람에게 벤츠를 구입할 것인가? 자기와 비슷한 수준은 아니더라도 적어도 자기의 입장을 알 수 있는 사람에게 구입해야 기분도 좋을 것이다. 그래서 벤츠를 굴리고 다니는 사람들의 눈높이로 나를 끌어올리기 위한 첫 수단으로 벤츠를 구입한 것이다. 벤츠를 팔려고 나온 사람이 그보다 한참 아래 등급의 차를 타고 나오면 신뢰가 가겠는가?"

이것이 핵심이다. 직접 소비자의 한 사람으로서의 경험이 없다면 나 자신을 설득할 수가 없다. 나 자신조차도 납득할 수 없는데 어떻게 다른 고객을 설득할 수 있단 말인가.

판매자의 입장에서 내가 팔고 있는 상품 하나하나가 어찌 보면 매우 작게 느껴질 수도 있다. 가격 또한 저렴한 상품일 경우 그 마음은 더 할지도 모른다. 하지만, 그 작은 상품이 고객의 품에 안겨서 앞으로 만들어 갈 무궁무진한 스토리가 될 것이라고 생각해 본다면 결코 쉽게 대할 수는 없는 것이다.

물론 모든 상품을 백퍼센트 일일이 다 내가 직접 써보고 설명한다는 것은 결코 쉬운 일이 아니다. 그러기 위해서는 너무도 많은 비용과 시간이 소요되기 때문이다. 하지만 분명한 것은 고객을 대하는 사람 입장에서 상품에 대한 그 경험을 결코 쉽게 생각해서는 안 된다는 점이다. 과연 내가 '이 작은 상품 하나에 대해 모르는 점 없이 완벽하게 설명할 수 있을까?'를 먼저 생각해 보아야 한다.

　고객은 결코 모든 제품이 다 좋다고 설명하는 사람을 좋아하지 않는다. 오히려 각 상품별로 장점과 단점을 잘 설명하고, 그간의 상품에 대한 경험, 그리고 판매경험에 비추어 보았을 때 고객에게 가장 적합할 상품을 제안해 주길 바란다.

　"A제품과 B제품을 비교해 보았을 때 A제품은 성능 면에 있어서는 B제품보다 좋습니다. 하지만 A제품은 가격이 훨씬 높지요. 매일 사용할 것이 아니라면, 그리고 그 정도까지 성능을 기대하시는 게 아니라면 B제품도 가격대비 성능이 훌륭합니다. 제가 보기에는 고객님에게는 B가 더 나을 것 같습니다."

　이렇게 설명했을 때 고객은 자신의 입장에서 훨씬 더 받아들이기 쉽다. 절대로 단 한 번 복용으로 무슨 병이든 낫게 해주는 만병통치약은 있을 수 없다. 무엇이든 뚫을 수 있는 창과 무엇이든 막을 수 있는 방패는 동시에 공존할 수 없다. 정말로 지금의 고객 상황에 가장 적합한 상품을 어떻게 슬기롭게 제안할 것인지가 가장 중요한 것이다.

　상품은 절대로 눈으로만 보고 말로만 판매하는 것이 아니다. 내가 그 제품에 대해서 한 명의 고객으로서 직접 경험해서 알지 못한다면 아무 소용이 없다. 그렇게 되면 언젠가는 짧은 지식에 대해서 고객이

　　　　　　　　서비스를 파는 남자

묻지 않아도 나 스스로 무너지게 마련이다. 고객은 무엇보다도 직접 그 상품을 사용해 본 사람이 하는 이야기에 먼저 귀 기울이게 되어 있다. 백 번 말로 설명하기보다 딱 한 번의 경험이 그만큼 소중하게 느껴지는 이유가 그렇다.

'내가 직접 써 봐서 안다!' 이 한마디면 충분한 것이다.

나 자신부터가 내가 판매하는 상품에 대해 첫 번째 소비자가 되어야 한다. 내가 판매하는 제품이 고객에게 있어서 어떤 의미를 갖는지 정확하게 알아야 한다. 나 자신이 먼저 사용자가 되어 보기 전에는 고객들과 절대로 마음을 나눌 수 없는 것이다. 고객과 마음을 나누지 못하는 판매는 결코 진정한 판매가 될 수 없다. 그것은 단순히 사탕발림과 같은 말을 통한 1회성 판매에 지나지 않는다.

내가 사용해 보지 않은 상품을 판매하는 사람의 말은 절대로 믿어서는 안 된다. 나보다도 상품에 대해서 모른 사람의 말을 왜 들어야 하는가?

리액션은 늦다.
먼저 액션을 취하라

service

> 사람들은 시간이 모든 것을 바꿔준다고 말하지만,
> 실제로는 스스로 모든 것을 바꿔야 한다.
>
> - 앤디 워홀

판매의 경우를 가장 간단하게 본다면 두 가지일 것이다. 팔 것
인가? 못 팔 것인가? 그렇다면 당연히 선택은 '팔 것이다.'를 택
한다. 그렇다면 그 다음이 '어떻게'의 순서다. 사실 생각해 보면, '무엇
을'까지 생각했다면 '어떻게'는 생각보다 쉬울 수 있다. 그렇다면 무엇
이 문제일까?

"결정이 어려운 것은 우리가 너무나 고민하기 때문이다."

깊게 고민하기보다 결정부터 먼저 하면 되는 것이다. 옛날 학창시
절 시험 문제지를 앞에 두고서 헷갈리는 문제 하나 때문에 고민한 적
이 있지 않은가? 나머지 문제는 다 풀었는데 단 한 문제의 답이 헷갈
러서 답안지를 제출하지 못하곤 했던 경험 말이다. 1번인지 아니면 2
번인지 불확실할 경우 계속해서 뚫어지게 쳐다보면서 시간을 보낸다.

서비스를 파는 남자

결국 최후의 선택이라 생각하고 마지막 순간에 정답을 바꾸면 이상하게도 항상 틀린다. 예전에도 틀렸었던 악몽이 떠오르는 순간이다. '그냥 내버려 둘걸. 괜히 고쳤네.' 하고 말이다. 우리는 경험으로 알면서도 자주 반복한다.

다시 말하지만 '너무 고민하는 것'이 문제다. 영업의 경우도 상황은 다르지만 결론은 거의 똑같다. 물론 시간이 넉넉하다면 예전 매출 데이터라든가 다른 유사사례를 살펴본다든가 하면 훨씬 낫긴 하다. 때로는 좀 더 정확하고 올바른 선택을 하기 위해서 많은 검토를 필요로 할 때도 있다. 하지만 적어도 지금까지의 내 경험에 따르면 고민을 했던 시간만큼 효과를 본 경우가 거의 없었다. '오히려 짧지만 나의 선택이 맞다'라는 확신을 가지고 먼저 결정하는 쪽이 더 나은 결과를 가져오는 것이다.

"People don't have time to choose everything in their lives"
(사람들은 일상 속 선택의 순간에 대해 고민할 시간이 없다.)

이 말은 혁신의 아이콘이자 비즈니스계의 전설인 스티브 잡스가 1997년 애플로 복귀한 뒤 애플 브랜드의 재건을 강조했던 한 마디다.

어느 날, 나이가 지긋한 할머니 한 분이 매장에 오셨다. 이분은 보기에도 무거워 보이는 뭔가를 비닐봉투에 넣어서 들고 오셨다. 매장 직원이 얼른 받아서 비닐을 열어 보니 압력밥솥 뚜껑이 들어 있었다.

"내가 외국에서 이걸 사와서 쓴 지가 벌써 햇수로 15년이 넘었어. 그런데 이게 여태 속 한 번 안 썩혔는데 요새 들어서 밥이 잘 안 되는 거야. 한 번 손 봐 줄 수 있는가?"

직원은 난감해 했다. 제대로 확인해 보려면 아래 부분까지 있어야 확인이 가능한 것이었다. 외국에서 오래전에 직접 산 상품인데다가 아래 부분도 안 가져왔으니, 게다가 너무 오랫동안 사용해서인지 상품의 상태도 말이 아니었다. 그 직원은 잠시 생각해 본 뒤 할머니에게 물었다.

"고객님, 혹시 댁이 어디세요? 죄송하지만 지금 이것만 가지고는 확인이 어렵습니다. 괜찮으시다면 제가 퇴근길에 고객님 댁에 들러서 나머지 아랫부분과 함께 같이 확인해 볼게요."

할머니는 알았다고 하시면서 주소를 가르쳐 주고는 매장을 떠났다. 다음 날 매장에서 다시 그 할머니를 볼 수 있었다. 입가에 웃음을 지으시면서 연신 직원에게 고맙다고 말씀하시는 것이었다.

"돈도 안 되는 것을 직접 우리 집에까지 와서 봐주다니 내가 너무 미안해서 가만있을 수 있어야지. 사실 나는 다른 백화점만 이용하고 있었는데 마침 여기에 올 일이 생겨서 나도 모르게 밥솥 뚜껑만 가져왔었는데 말이야. 이 직원 때문에 앞으로는 이곳만 이용해야겠어. 나는 한 평생 미안한 건 못 보는 성격이라서……"

할머니는 자기 손자, 손녀 혼수용품으로라도 미리 사시겠다면서 그 자리에서 꽤나 많은 제품을 구매하셨다. 그러면서 또 이 말도 잊지 않으셨다.

"무겁디무거운 걸 여기까지 들고 오면서도 A/S가 안 되면 어쩌나 하고 걱정했었는데, 저 직원이 오히려 우리 집에까지 와서 직접 확인까지 다 해주니 오히려 내가 미안해지지 뭐야. '어차피 필요해서 살 거라면 저 직원에게 사야겠다' 하는 생각이 들더라고."

서비스를 파는 남자

실제로 위에서 말한 매니저는 자신의 입장은 전혀 생각하지 않고 고객의 입장에서 즉시 행동으로 옮긴 사례다. 머리로는 이해하지만 몸으로 직접 행동한다는 것은 쉽지 않다. 그만큼 '실행력'은 가장 어려운 행동 중의 하나인 것이다.

"친절은 아무리 빨리 베푼다고 해도 이미 늦어버린 경우가 많다."

이는 미국의 철학자이자 시인인 랄프 왈도 에머슨이 한 말이다.

"그거 하면 좋은 거 알아. 하지만 지금 이렇게 바쁜데 나보고 하라는 거야?"
"하면 좋지. 나도 알아. 하지만 지금 그 일을 하기에는 좀……."
"저 사람도 안 하는데 나라고 별 수 있나."
"공연히 내가 먼저 나서서 하는 거 아냐?"

고객을 대하는 입장에서도 이렇게 눈치를 보고 있는 것이다. 서비스에 있어서는 두 번째 기회란 없다. 남들보다 늦어서도 안 되고 고객보다 늦어서는 더더욱 안 된다. 서비스는 고객보다 먼저 움직이는 것이다. 서비스에는 절대로 리액션(Re-action, 반응)은 없다. 오로지 先액션(Action, 행동)만 있을 뿐이다.

고객과의 관계를 형성하는 데 있어서 가장 먼저 해야 하는 일이지만 그만큼 어려운 것이 바로 물리적인 거리, 심리적인 거리의 설정이다. 공적인 거리는 3.6미터 이상, 사적인 거리는 46센티미터에서 1.22

미터 사이, 친밀한 거리는 자신을 중심으로 반경 15센티미터에서 45센티미터라는 실험 결과가 이것을 말해주는 것이다. 이는 비단 고객과 판매자 사이만이 아닌 일반적인 사람과 사람 사이의 거리를 말한다.

이와 같은 상황을 빗댄 '고슴도치의 딜레마'란 용어도 있다.

몹시 추운 날에 고슴도치 한 쌍이 서로 몸을 가까이 해서 추위를 견디려고 했다. 너무 가까이 다가서면 가시에 찔리게 되고 그렇다고 멀리 떨어져 있자니 당장 추위로 인해서 얼어 죽을 것만 같고. 그렇게 밤새도록 다가섰다 멀어졌다 하기를 반복하다가 결국 얼어죽는다는 이야기다.

이동우 작가의 『디스턴스』를 보면 이런 말이 나온다.

"타인으로부터 공격 받지 않으면서 자신을 보호할 수 있는 거리는 1미터다. 심리학자들의 연구에 따르면 부탁이나 설득을 할 때는 반드시 필수 접근 거리인 1미터에 접근해야 한다. 진정으로 공감하고 이해하는 마음과 태도를 전해주지 못하면 상대방은 자신의 공간을 열어주지 않는다. 계속해서 사회적 거리를 맴돌게 되고 필수 접근 거리 이내로 가까워지지 못할 것이다."

즉, 내가 진심으로 마음으로 고객께 다가가지 못하는 한, 그리고 오로지 판매만을 목적으로 고객께 다가가는 한, 고객은 필수 접근 거리인 1미터를 계속 유지하게 되는 것이다. 대부분 이런 경우에 고객은 자기방어 본능에 의해서 판매자로부터 심리적인 부담감을 먼저 느끼게 마련이다.

　　　　　　　　　　　　　　　　　　　서비스를 파는 남자

고객의 말을 기다렸다가 그에 따라 행동하는 사람이 있다. 그 사람은 생각할 것이다. '나는 고객이 원하는 것이면 무엇이든 맞출 수 있다'라고 말이다. 하지만 이런 사람은 항상 늦는 사람이다. 고객의 말만 듣고 그에 따라 행동하는 사람은 자판기와 같다. 고객이 스스로 원하는 상품을 선택하고 돈을 넣고 버튼을 누른다. 선택한 상품이 나오면 고객은 잔돈반환 버튼을 누르고 상품을 가져간다. 이런 자판기와 무엇이 다른가? 당신의 역할에 대해서 정확하게 생각해 볼 필요가 있다. 왜 고객에게 당신이 필요한가? 당신은 고객의 상황을 올바르게 이해하고 그 상황에 가장 적합한 상품을 제시해 주고, 그 상품으로 인해 고객이 어떤 가치를 얻게 되는지 설명해 주는 사람이다. 그것이 나와 당신, 우리의 역할이다. 로버트 치알디니의 저서 『설득의 심리학』에 보면 '상호성의 법칙'이란 말이 있다. 이는 모든 인간관계에 있어 공통으로 존재하는 것으로 내가 상대방으로부터 작은 호의를 받게 되면 그에 상응하는 보답을 해 주어야 하는 마음이 생긴다는 것이다.

결국 나의 말 한 마디, 태도 하나하나가 상대방에게 어떻게 영향을 주었는가에 따라서 반응 또한 크게 달라진다는 것을 의미한다. 어떻게 해서든지 대안을 찾아드리려고 애쓰는 모습에서 고객은 '진정성'을 느끼고 감동한다. 그것은 누가 시켜서도 아니고 대가를 바라고 하는 것은 더더욱 아니다.

로버트 스펙터는 그의 책 『노드스트롬의 서비스 신화』에서 위와 같은 상황에 대해서 다음과 같이 설명하였다.

"처음에 고객이 내 매장으로 들어올 때에는 눈에 보이지 않는 벽에

에워싸여 있다. 내 일은 그 벽을 허무는 것이다. 내가 마음을 편안하게 갖고 서두르지 않아야 그도 같은 느낌을 가질 수 있다. 나는 내 자신과 주변 사람들에게 평화로운 느낌을 주었다는 생각이 들 때에야 비로소 행복해진다."

먼저 행동하되 고객의 마음을 헤아리는 것. 판매자의 입장에서 가장 먼저 유념해야 할 행동인 것이다. 고객에게 먼저 다가서서 고객의 입장을 듣고 재빨리 판단해야 한다. 상황에 좀 더 적합한 상품은 무엇인가? 그 상품이 고객에게 어떤 가치를 제공할 것인가?결국 한 박자, 아니 반 박자도 좋다. 좀 더 빠른 판단에 따른 실행이 필요한 것이다. 먼저 행동하라. 그것이 당신을 구할 것이다.

먼저 고객에게 한 걸음 다가가는 모습. 그 속에서 우리는 진정한 서비스를 생각한다.

진심을 보내면
관심이 온다

여기 내 눈앞에 고객이 있다. 서로 마주 보면서 이야기를 나누고 있다. 이런 저런 고객을 상대하다 보면 고객 중에도 여러 유형이 나타난다. 그리고 고객과의 만남이 항상 좋은 일만 있을 수는 없다. 때로는 얼굴 붉힐 일도 생길 것이고, 때로는 고개 숙이고 사과를 드려야 할 때도 있다. 고객은 단 한 번의 내 태도를 보고 발걸음을 돌릴 수도 있고 반대로 나를 향해서 한 걸음 더 다가설 수도 있다. 하지만, 그럴 때 우리의 태도는 어떤지 진지하게 생각해 보아야 한다. 고객이 떠난다고 해서 아예 포기해 버릴 수 있을까? 아니면 반대로 고객이 다가온다고 해서 손을 잡아서 끌어당길 수 있을까?

골프웨어를 판매하는 J매니저는 단골고객에게 전화를 매우 자주 한다. 아침 일찍 하는 경우도 있고, 저녁 늦게 하는 경우도 있다. 물어보면 심지어 밤늦게도 하는 경우도 종종 있다고 한다. 영업시간 이

전이나 이후에 전화를 하게 되면 오히려 고객께 불편을 드리는 것 아니냐고 물어보니 다음과 같이 대답하였다.

"내가 장사만을 생각해서 전화를 드리면 당연히 불편을 드리는 게 맞습니다. 하지만 저는 장사 때문에 전화하는 게 아닙니다. 저는 가족이자 친구이고, 때로는 친구이자 비서가 되어서 전화를 하는 것입니다. 아침에 일찍 일어났을 때에 비가 오게 되면, 단순히 저만의 출근 시간을 걱정하는 게 아닙니다. 저는 제 친한 고객에게 우산을 챙기시라고 문자를 드립니다. 얼마 전 매장을 방문했던 단골고객의 경우, 시어머님 생신에 대해서 걱정했던 것을 생각해 두었다가 그 날이 다가오면 미리 전화를 드립니다. 시어머님 생신이 다가오고 있는데 어떻게 준비하고 있냐고요. 그러면 그 고객님은 더 이상 말을 하지 않아도 진심으로 고마워합니다. 저는 장사보다 이런 사람들 사이의 관계에서 보람을 얻습니다."

다시 내가 고객응대의 정답이 무엇이냐고 물었더니 이렇게 대답해 주었다.

"내가 고객을 진심을 다해서 소중하게 여기고 대한다면, 고객 또한 언제나 그 진심을 알고 저를 대하게 됩니다. 이것이 내가 아는 가장 단순한 한 가지 응대 요령입니다."

누군가를 진심으로 대한다는 것은 그 사람을 위해 최선을 다한다는 것이고, 그것은 오직 지금 내 앞에 있는 사람만을 생각한다는 것이다. 눈앞에 있는 연인에게 사랑을 구애하는 사람이 되기도 하고, 돌아가시기 직전의 부모님의 손을 맞잡고 있는 자식의 심정이기도 하다. 그 근본적인 힘은 어디에 있을까? 나는 이것을 간절함이라고 말하고 싶다. 간절함은 우리가 일반적으로 알고 있는 욕망의 수준을 훨씬 뛰어 넘는 지극히 높은 수준의 열정이다. 이 간절함이 있고 없고에 따라서 서비스의 수준은 크게 달라질 수 있다.

내가 진심으로 고객을 상대하고 있다면, 이미 고객은 그 마음을 느끼고 있다. 단 한 번만 판매하고 마는 1회성 판매가 아니라면 고객에게 가장 먼저 팔아야 할 것은 나의 진심이다. 고객은 무엇보다 나의 진심을 가장 중요하게 느끼는 것이다.

나의 진심을 보여주는 노력에는 몇 가지가 있다.

첫째, 정직함이다. 정직함은 그 어느 것보다도 가장 중요한 것이다.

판매를 하다보면 의외로 실수를 하게 되는 경우가 있다. 가격을 잘못 계산하는 경우도 생기고, 상품 전달이 잘못되는 경우도 생긴다. 상품에 대한 설명을 잘못하게 되는 경우도 있고, 다른 고객과 착각할 경우도 있다. 사람이 하는 일이기 때문이다. 그럴 때 오히려 정직하게 실수를 인정하고 좀 더 노력하는 모습을 보여주었을 때 고객은 오히려 감동하게 된다. 전문가로서 날카롭고 차가운 이미지도 좋지만, 실수를 인정할 줄 아는 따뜻한 인간미도 좋은 모습일 수 있기 때문이다. 물론 실수를 자주 해서는 절대 안 되지만 말이다.

둘째, 누구보다 고객을 우선시한다는 '고객 최우선주의'다.

상품을 판매하고자 하는 욕심에 사로잡혀서 일부러 가격이 비싼 상품을 추천한다거나, 재고가 많아서 골치 아픈 상품을 은근슬쩍 추천하는 경우가 있어서는 안 된다.

고객의 입장에서 가장 도움이 되는 상품, 고객 자신은 잘 모를 수 있지만 고객에게 가장 잘 어울리는 상품을 제시하는 사람이 되어야 한다. 때로는 고객이 무리한 가격임을 알고서도 욕심을 부리더라도 냉정하게 거절할 수도 있어야 하고, 오히려 좀 더 저렴한 상품을 제시할 수 있어야 한다. 그것이 진짜 프로다.

마지막으로 셋째, 고객을 진심으로 '평생고객'으로서 받아들이는 자세다.
'고객을 가족처럼!', '고객을 가족과 같이!'
마케팅이나 고객관리와 관련된 곳에서 가장 많이 듣는 '구호' 중의 하나다. 하지만 나는 고객서비스에서는 절대로 이래서는 안 된다고 생각한다. 물론 처음 본 고객을 대할 때 어색하게 상대하는 것보다는 '고객처럼', '고객같이' 상대하는 것은 훌륭하다. 하지만 진짜로 '평생고객'으로 받아들이기 위해서는 이와 같이 해서는 안 된다.

말이란 눈에 보이지 않지만 강력한 힘을 가진 것이다. 우리말에서 있어서 '처럼', '같이'라는 뜻은 영어에 있어서 'Pretend'와 같다. 즉, '아님에도 불구하고 ~인 것처럼 가장하다'라는 뜻이다. 그 말 자체에서 풍기는 뉘앙스가 느껴지는가? 가족이 아님에도 불구하고 마치 가족인 것처럼 연기를 하라는 느낌이다. '옆구리 찔러서 절 받기'인 것이다. '평생고객'에게 그런 연기를 하란 말인가? 절대 아니다. '평생고객'은 진짜로 가족이다. 평생 나와, 당신과, 우리와 함께 하는 '가족'이다. '가족처럼'이 아니라 '가족'이다. 지금 있는 자리에서 언젠가 떠날 생각을 하는 사람은 '가족처럼'을 생각하지만 이곳에서 언제까지고 머무를 각오를 하는 사람은 '가족'이어야만 한다.

최고의 서비스는 고객에게 완벽한 서비스를 베푸는 것이 절대 아니다. 그것은 주입식 교육처럼 일방적인 것이고, 가슴이 아닌 머리로 하는 서비스다. 그러면서 자신들은 최고의 교육에 의해서 완벽한(절대 완벽할 수 없다!) 서비스를 한다고 자랑한다. 모든 고객의 마음이 다르고 모든 고객의 눈높이가 다른데 어떻게 완벽한 서비스가 있을 수 있을까?

최고의 서비스를 가리켜 우리는 '혼을 담는다'는 표현을 한다. 혼(魂)은 영어로 말하면 'Soul'이고 나라는 자아의식, 즉 의지, 생각, 감정을 뜻한다. 혼을 담는다는 것은 내가 상품에 나의 의지, 생각, 감정을 담았다는 뜻이다. 그리고 그런 서비스가 우리가 말하는 진정한 서비스다. 그래서 혼을 담았다는 것은 곧 최고의 서비스를 지칭하는 말이다.

진실된 영업은 물건을 파는 것이 아니라 고객으로부터 고객의 마음을 사는 사람이다. 팔지 않고 오히려 사는 사람인 것이다. 나도 모르게 내 의지와는 상관없이 상대방에게 마음을 빼앗겨버리는 것, 그러면서도 절대 기분 나쁘지 않다. 기분이 나쁘기는커녕 오히려 행복해 지는 것이다. 이것이 고객의 입장에서 최고로 행복한 상황이 아닐까? 이럴 경우에 고객은 행복함이 충만한 기쁨을 느끼면서 집으로 돌아가게 되는 것이다.

이처럼 최고의 서비스는 고객과 교감하고 상호간에 마음을 베푸는 서비스다. 그것은 공생관계이자 평생관계이다. 판매자만 일방적으로 고객을 바라보는 형태는 결코 최고의 서비스라고 말할 수 없다. 그것은 마치 짝사랑을 두고 말하는 것과 같다. 상대방에게 나의 마음을 단 한 번도 표현하지 못했지만 나 혼자 평생을 가슴 속에 묻어둔 감정이 어떻게 진정한 사랑이라고 말할 수 있을까? 오히려 고객도 판매자를 향해 마음을 열고 베푸는 관계가 되어야 한다. 비록 내가 주는 만큼 받고, 받는 만큼 주는 관계는 아닐지는 몰라도 고객도 판매자를 대함에 있어 마음을 열고 진심으로 받아들여야만 하는 것이다. 이것이 내가 생각하는 진심어린 서비스, 즉 최고의 서비스다.

내 마음의 문을 열어 진실된 모습을 보여야만 고객은 그 문을 통해 '나'라는 브랜드 안으로 들어 올 수 있다.

서비스를 파는 남자

28
service

고객의 마음을 얻는 비결,
이미 당신은 알고 있다

상대의 마음을 사로잡으려면 세련된 몸가짐이 필요하다.

- 발타자르 그라시안

멜 깁슨, 헬렌 헌트 주연의 『왓 위민 원트, What women want』라는 영화가 있다. 영화 속에서는 주인공인 닉 마샬(멜 깁슨 役)은 능력 있는 광고 기획자로 나온다. 승진을 코앞에 두고 부푼 기대를 하던 중에 그 자리를 외부에서 온 여성 임원인 달시 맥과이어(헬렌 헌트 役)에게 빼앗겨 버린다. 그리고 달시는 여성 소비자들을 위한 제품 광고를 준비하게 된다. 어쩔 수 없이 닉은 여성의 입장이 되어 보기로 결심한다. 여자들처럼 코팩이나 립스틱을 발라보고, 마스카라에 스타킹을 신어보기도 한다. 그리고 심지어는 다리 제모까지 하기도 한다. 술을 한 잔 마시고 분위기에 취해 있다가 욕실 바닥에 머리를 부딪치며 넘어져 버린다. 아침에 일어나 보니 초능력이 생겼는지 이상하게도 주위의 여자들의 생각이 귀에 들려오기 시작하는 것이다. 이때부터 닉은 여자들의 본심을 이해하게 된다는 이야기다.

바로 이것이 영화의 제목이 뜻하는 바다. 이 영화는 낸시 마이어스라는 여성감독이 제작하였으며 '여성들의 마음을 진정으로 이해하고 동감해 줄 수 있는 남성은 어떤 모습일까?'라는 생각에서 제작하게 되었다고 한다. 여성의 마음을 꿰뚫고 이해하는 남자. 어찌 보면 남자든 여자든 모든 사람이 바라는 모습이 아닐까? 고객을 대하는 입장에서도 이런 능력이 주어진다면 어떨까? 비단 그런 초능력이 아니더라도 진심을 담아서 노력을 할 수 있다면 하고 생각하게 만드는 영화다.

일반적으로 고객은 판매하는 사람을 그 상품에 관한 '전문가'로 인식한다. 아니 전문가로 인식하고 싶어 한다. 판매자가 매장에서 본인의 이름 석 자가 새겨져 있는 명찰을 차고 있는 이상, 입사 일주일도 안 된 사람인지, 십 년이 넘게 이 업종에 종사하고 있는 사람인지 알 수 없다. 단지 이곳 명찰을 차고 있다는 것 하나만으로 최소한의 상품지식을 포함한 '전문가'로 생각하고 싶어 한다.

어떤 고객은 개인적인 관심과 취미를 넘어서 거의 진짜 '전문가'에 준하는 상품 지식을 갖춘 사람도 있다. 그럴 경우, 고객의 수준을 쉽게 생각하고 상품을 설명했다가는 '큰 코 다치는' 경우도 생긴다. 고객을 우습게 보았기 때문이다. 그럴 경우 이런 말을 듣게 될 수도 있다.

"당신은 상품에 대한 지식이 형편없군요. 어디 가서 좀 더 배워야 할 것 같아요. 그렇게 몰라서야 원."

반면에 자신의 상품 지식수준을 전문가 수준으로 설명하게 되는 경우도 생긴다. 예를 들어 의류의 경우, 최신 패션 트렌드를 반영한 외래어를 남발하는 경우도 있다.

"이번 컬렉션은 강렬한 이미지를 앞세운 아방가르드한 이미지를 위해서 젠더리스라는 모티브를 기반으로 디자인되었습니다."

"이번 리미티드 컬렉션은 작년에 제작되었던 리미티드 에디션과는 달리 좀 더 브라이트한 이미지를 위해서 컬러코디네이션을 펄로 표현하였습니다."

단순히 외래어라고 하기에는 무슨 말인지 웬만해서는 알아들을 수 없는 수준이다. 자기 자신의 이미지에 도취되어 정작 고객에게 무슨 말을 전해야 할지, 고객이 무엇을 원하는 것인지를 묻지 않는 등 기본적인 사항을 놓치고 있는 것이다.

상품을 판매하는 사람이라면 그 제품에 관해서는 최고의 상품지식을 갖추어야 한다. 이른 바 '상품 전문가'가 되어야 한다. 하지만 그와 함께 '고객 전문가'의 자세도 반드시 필요하다.

고객 전문가가 되기 위해서 가장 먼저 갖추어야 할 항목은 고객과의 눈높이를 맞추려고 노력하는 일이다. 고객의 시각으로 보고, 고객의 언어로 말하고, 고객의 몸짓을 사용해야 한다. 그리고 결론적으로 고객과 생각의 주파수를 맞춰라. 고객과의 생각 주파수가 정확하게 일치하는 순간 놀라운 일들이 벌어진다. 라디오 주파수를 생각해 보라. 0.1만 높거나 낮아도 듣기에 거북할 정도로 '지지직'거린다. 하지만, 한참을 그렇게 주파수 다이얼과 실랑이를 하더라도 정확하게 일치하는 순간 깨끗하고 깔끔한 음질의 노랫소리가 들려온다. 그때의 기분 좋은 상황을 고객과의 관계에서도 만끽해 보자. 내가 하는 말을 고객이 쉽게 알아듣고 이해한다면 그보다 더 좋은 대화는 없다.

조관일 작가는 그의 저서 『서비스에 승부를 걸어라』에서 서비스를 하는 사람으로서의 자세에 대해서 다음과 같이 말했다.

"서비스 맨은 정중하고 당당해야 한다. 거만해서도 안 되지만 비굴해서도 안 된다. 서비스 맨은 서비스를 통하여 고객의 욕구를 충족시켜 주고 직장의 발전과 자아실현을 이루고자 하는 사람이다. 고객을 통하여 성취의 기쁨을 맛보아야 할 사람이다."

고객은 결코 극복해야 할 존재가 아니다. 산을 오르는 이유가 산을 이기기 위해서는 아니듯이 고객과는 논쟁을 해서는 안 된다. 간혹 '진상' 고객에 대해서 참다못해 언쟁을 벌이는 직원을 볼 때가 있다. 무조건 판매자가 잘못했으니 참으라는 말이 아니다. 아무리 고객이 화가 났다고 해서, 아무리 고객이 나까지 화나게 만든다고 해서 똑같이 화를 내서는 결코 좋은 결과를 기대할 수 없다. 손바닥도 마주쳐야 소리가 나는 법. 고객이 화를 낸다고 나까지 화를 내면 그 화는 불붙는 곳에 기름을 붓는 격이다.

영업을 하다보면 이렇게 해도 안 되고, 저렇게 해도 안 되는 경우가 생긴다. 알고 있는 모든 수단과 방법을 다 동원해도 매출은 오르지 않고, 생각지도 않은 '고객 클레임'만 계속해서 생길 때가 바로 그렇다. 보통 이런 경우가 되면 화가 머리끝까지 나게 마련이다. 이 화는 나를 둘러싼 환경에 대한 화이기도 하며, 아무리 노력해도 뜻대로 되지 않는 '나 자신에 대한 화'이기도 하다. 그럴 때는 모든 것을 다 잊고 처음으로 돌아갈 필요가 있다. 사람의 심리상태는 교묘하여 나 스스로도 내 마음을 모를 때가 있다. 그럴 때는 내가 처음에 이곳에 오게 된 이유, 목적을 생각해 보고, 그 당시의 마음가짐을 떠올려 봐야 한다. 매장에 발을 들여 놓던 최초의 느낌을 기억해 보고 당시 내가 마음속으로 무엇을 다짐했는지 되돌아보는 것이다.

서비스를 파는 남자

나와 고객의 관계는 유유상종이다. 이 또한 끌어당김의 법칙이다.

내가 먼저 고객을 진심으로 좋아하고 원하고 기다린다면 고객 또한 나를 좋아하고 원하고 찾아온다. 내가 고객을 진심으로 원해야 고객도 나를 원하는 법이다.

고객은 상품만 사지 않는다. 오히려 자신의 마음을 판다. 판매자는 상품만 팔지 않는다. 오히려 고객으로부터 마음을 산다. 마음을 산다는 것. 그것은 고객의 마음에 울림을 전하는 것으로 시작한다.

태도를 바꾸면
성공이 보인다

마음이 열려야
지갑이 열린다

난 대단한 사람이 아닙니다. 평범한 보통 사람이죠. 남다른 인생도 아니었고요.
날 기리는 기념탑도 없고 내 이름은 곧 잊히겠죠.
하지만 한 가지 눈부신 성공을 했다고 자부합니다.
지극히 한 사람을 사랑했으니 그거면 더할 나위 없이 족하죠.

- 영화 〈노트북〉 중에서

우리나라에서 군 입대를 하게 되는 훈련소 앞에 가면 기상천외한 모습이 연출된다. 그곳에서는 각종 물품들이 이른바 '입대 필수품'이라는 명목 하에 불티나게 팔리고 있다. 예를 들면, 수건, 소화제, 각종 보호대, 볼펜, 그리고 심지어 이런 것들이 국방색 무늬(?)의 가방에 넣어져서 세트로 팔리고 있다. 군 입대를 하는 자식을 둔 부모, 연인의 마음을 노리는 상술인 것이다. 당연히 이들에게 재구매는 없다. 설령 둘째 아들이 동일한 부대에 입대하지 않는 한 그것을 판매한 곳을 다시 찾는 일은 없을 테니 말이다. 다시 보지 않을 사람들에게 단 한 번으로 상품을 판매하는 사람들. 이들이 마음을 담아, 정성을 담아 상품을 판매한다고 할 수 있을까? 반대로 이 상품을 구매한 사람들이 과연 그 판매한 사람들을 진심으로 믿고 구매했을까?

위의 사례는 판매자의 '믿음'에 대해서 이야기하고 있다. 마찬가지로 만약 고객이 처음 매장을 방문했을 때 판매하는 사람을 또는 판

서비스를 파는 남자

매하는 그 상품을 보자마자 무턱대고 믿고 산다는 것은 흔히 보기 어렵다. 평소에 자주 갔던 곳이거나 사용해 왔던 제품이 아닌 이상 아무리 가격이 싸다고 해서 덜컥 구매하고 보는 사람은 많지 않은 법이다.

"내가 당신을 보고 상품을 산 건 아니잖아? 이 브랜드를 우선 믿었고, 이 백화점을 믿은 거지. 안 그래?"

이것이 매장에서 불만을 느낀 고객으로부터 가장 많이 듣는 말 중의 하나다. 매장에 대한 믿음이 깨졌을 때 많은 고객들이 이렇게 감정을 토로하는 것이다.

어떻게 해서든 상품 하나를 팔아서 거기에서 얻는 이득만을 바라보는 사람이라면 방문하는 사람들 모두가 돈으로만 보일 것이다. 그리고 그 돈으로부터 오로지 지갑을 열게끔 하려고만 노력할 것이다. 당장 이런 생각으로부터 우리는 자유롭지 못하다. 아마도 아직까지 우리나라에서는 판매 업종에 근무하는 사람들에 대한 인식이 그리 좋지 못한 것도 이런 이유 때문일 것이다.

"고객이 내 말을 들을 준비가 되어 있다면 나는 언제든지 말할 준비가 되어 있습니다."

우리는 내 자신의 잘못된 습관에 대해서는 인식하지 못하면서 대부분의 고객이 내 이야기를 들어주지 않는다고 핑계를 대고 있는 것이다.

침구를 판매하는 베테랑 B매니저가 있다. 매장 근무 경력도 10년을 훌쩍 넘었다. 한 번 이 직원에게 침구를 구매한 고객이면 자기 집은 물론이고 가까운 곳에 사는 일가친척, 조금 과장해서 그 동네 사람들 모두가 이 직원에게 온다. 한 번 구매한 고객은 자기가 알고 있는 모든 사람들에게 그 직원을 자랑하며 소개해 주는 것이다. 나는 그 이유가 너무도 궁금해서 직원 칭찬을 하고 있는 고객께 슬쩍 이 직원에 대해서 물어 보았다.

"좋은 상품이 나오면 판매사원이라면 누구든지 단골고객에게 전화를 줍니다. 여기까지는 누구나 다 할 수 있는 거죠. 그렇지만 이 사람은 달라요. 판매만을 위해서 하는 게 아니거든요. 평소에 안부전화부터 시시콜콜한 이야기까지 우리 사이에 감추는 게 없어요. 오히려 가족들 사이에서도 못할 말을 우리끼리는 스스럼없이 합니다. 다 터놓고 지내는 사이예요. 그러다 보니 솔직히 본인이 좀 손해를 보는 경우가 생기더라도 부탁한 건 웬만하면 다 해주려고 노력합니다. 안 되는 부분도 어떻게 해서든 최선을 다하는 모습에 가끔은 안쓰럽고 내가 오히려 미안해지기도 해요."

이것이 B매니저를 생각하는 고객의 답변이었다. 고객에 대한 최고의 서비스는 일방적으로 나 혼자만이 무조건 고객을 극진하게 대하는 것이 아니다. 위에서 본 B매니저처럼 그때그때 상황에 맞춰서 고객과 일종의 공놀이를 하듯이 마음을 주고받는 것에 있는 것이다. 고객과 B매니저 사이에서 상품을 구매하고 판매하는 행위는 극히 일부분에 지나지 않는다. 오히려 일상적인 이야기를 하는 관계, 그것이 바로 고객과의 관계에 있어서 최상의 모습이다.

고객과의 만남을 사자성어로 표현하면 '줄탁동시'라고 할 수 있다. 이는 알을 깨고 나오는 병아리와 어미닭에 관한 고사 성어로 병아리가 '줄'을 하면 어미닭은 '탁'을 한다. 어느 한 쪽이 먼저랄 것도 없이 거의 동시에 이루어져야 한다. 병아리가 미처 알에서 나올 준비가 되지도 않았는데 어미닭이 부리로 알을 깨면 결코 건강한 병아리로 태어나지 못한다. 반대로, 병아리가 알을 깨고 나오려고 온갖 힘을 다해서 발버둥을 치는데 어미닭이 껍질을 깨주지 않으면 결코 한 마리의 병아리로 태어나지 못한다.

알을 깨고 태어나는 병아리와 어미닭의 관계. 서비스를 행하는 판매자이자, 고객을 대하는 영업인의 자세도 이와 같다. 고객이 미처 영업인을 대할 준비가 되지도 않았는데 나 혼자 열심히 상품을 설명해 봤자 말짱 도루묵이다. 반대의 경우도 그렇다. 고객이 드디어 마음먹고 상품에 대해서 설명을 듣고자 하는데 이번에는 판매하는 쪽에서 제대로 준비가 되어 있지 않는 것이다. 어느 쪽이든 올바른 관계가 이루어질 수 없다. 상호간에 올바른 조화가 이루어진 순간이 바로 줄탁동시의 순간이다. 이 주고받는 '줄'과 '탁'의 관계가 바로 질문과 답변이고 곧 고객과 함께 이루어지는 커뮤니케이션, 즉 대화인 것이다.

마음열기는 일종의 신호이자 노크와 같다. 껍질 밖의 세상으로 걱정 없이 나오라는 신호를 보내야만 병아리가 마음 놓고 나올 수 있듯이, 고객이 아무 걱정 없이 마음을 열 수 있도록 하는 것. 일종의 '노크'와 같은 역할이 필요한 것이다. 그런 판매자에게만 고객은 진심으로 '믿음'이라는 마음을 열고 다가서게 되는 것이다.

"한정 상품이기 때문에 오늘 아니면 사기 어렵습니다. 그러니까 일단 계산만 하세요. 집에 가서서 며칠 생각해 보고 반품하셔도 되지요. 교환/환불은 고객님의 당연한 권리니까요."

매장에서 지내다 보면 이처럼 '당장 오늘 하루만 살고자 노력하는'

직원들도 있다. 이렇게 말하는 사람치고 실제로 고객이 환불하고자 재방문했을 때 티를 전혀 안내고 환불해 주는 사람도 드물다.

어릴 적 수없이 들었던 우화 〈해님과 바람의 대결〉에서처럼 코트를 벗게 하기 위해서는 강한 바람을 불어서는 안 된다. 오히려 따뜻한 햇볕을 계속 비춰야 한다. 고객을 대하는 우리의 생각도 이와 같아야 한다.

'내가 오늘 만나는 고객이 백 명이 있으면 고객을 대하는 방법 또한 백 가지 방법이 있다.'

이것이 고객을 대하는 최고의 방법이자 내가 생각하는 최고의 서비스다. 어제와 오늘이 다르고, 여자와 남자가 다르고, 노인과 어린아이가 다른데 어떻게 똑같은 방법으로 사람을 상대할 수 있을까?

내가 오늘 만난 고객 한 사람이 나중에 언제 다시 나를 찾아올 것인지는 장담할 수 없다. 심지어 다시는 나를 찾지 않을 수도 있다. 하지만 단 한 번의 만남을 시작으로 해서 반드시 나의 단골고객이 될 것이라는 믿음은 잃지 말아야 한다. 고객에 대한 믿음은 절대로 돈으로 살 수 없다. 하지만 고객의 믿음은 나의 마음과 내 노력만으로 살 수 있다. 고객의 지갑은 절대로 쉽게 열리지 않는다. 먼저 고객의 마음을 열어야 한다.

항상 새로운 고객을 찾으려고 노력하기보다는 기존에 잘 알고 있는 고객에게 더 충실해야 한다. 새로운 고객을 찾는 동안에 고객이 새로운 곳으로 눈을 돌리고 있는 것을 보지 못할 수 있기 때문이다.

서비스를 파는 남자

확신 앞에
불가능은 없다

판매를 하고자 매장에 서 있는 사람 중에는 하루하루 안절부절 못하면서 불만을 내뱉는 사람이 종종 있다. 이들은 매사에 부정적이다. 그저 바로 옆의 경쟁자에게 고객 한 명이 다가가는 모습을 참을 수 없어한다. '혹시 나에게는 눈길도 주지 않으면서 저기서 사면 어쩌지? 그럼 나는 또 다시 못 팔게 되는 거 아닌가?' 하고 말이다. 이들은 결코 성장하지 못하고 그날그날 하루만을 살아가는 사람들이다. 지나친 경쟁의식에 빠져 있다 못해 객관적으로 바라보지 못하기 때문이다. 당장 눈앞의 경쟁에만 급급해서 지금 내가 하고 있는 일이 맞는지, 상황에 적합한지 보지 않는다. 아니 볼 수가 없는 것이다.

마찬가지로 모처럼 가격도 높은 상품을 팔게 되더라도 금방 또 다른 걱정을 하는 사람들도 있다.

'이런 날에는 꼭 환불을 요청하는 고객이 오곤 하는데 오늘도 그러면 어쩌지?'

아직 일어나지도 않은 일에 미리 걱정을 하게 되는 것이다. 그리고 점점 더 비관적인 자세에 빠져든다.

'안 된다. 안 팔린다. 힘들다. 아 어쩐란 말인가? 최악이다.'

이런 유형은 불행을, 불운을, 악운을 자기도 모르게 불러들이고 있는 사람들이다.

여기 경력 5년 차 가전제품을 판매하는 A매니저가 있다. 적당히 고객응대도 할 만큼 했다. 그런데 한 가지 안 좋은 버릇이자 습관이 있다. 비싼 상품을 판매할 때는 자기도 모르게 쉽게 흥분해서 마지막 순간에 판매에 실패하곤 하는 것이었다. 쉽게 말해서 다 된 밥에 코 빠뜨리는 것이었다. 옆에서 지켜보더라도 안타깝기 짝이 없는 경우가 한두 번이 아니었다.

하루는 또다시 마지막 순간에 어정쩡하게 상담이 중단되었다. 고객이 매장을 떠나자마자 본인 스스로에게 화가 나서 담배를 피우러 가는 게 보였다. 재빨리 따라가서 잠시나마 이야기를 나누었다.

"고객이 최고급 상품을 구매한 것에 만족하면서 사용하는 모습을 떠올려 보세요. 그런 생각을 하면서 상담을 해보는 건 어떨까요? 물론 쉽지는 않겠지만 말입니다."

"좋은 말씀이긴 한데 막상 그 순간에는 쉽게 잘 되지 않을 것 같네요."

"속는 셈 치고 한 번 해보세요. 해보시기만 하면 됩니다."

며칠 후 매장에서 보니 싱글벙글 웃고 있는 것이었다. 고객이 실제로 만족해서 사용하는 모습을 생각하면서 상담을 하니 의외로 부담도 적고 말도 술술 나온다고 하는 것이었다. 그렇다. 실제로 해보고 나면 안 될 것이 없는 법이다. 말로는 아무리 설명해도 본인이 해보지 않고서는 알 수가 없다. 본인 스스로 깨닫고 느끼고 시도해 보는 것이 중요하다. 무엇이든 그 감정을 느끼면서 임해야만 실제로 이루어지는 법이다.

"할 수 있다. 나는 분명히 할 수 있다."
"누구도 못하는 일도 나는 할 수 있다, 왜냐고? 바로 나이기 때문이다."
"오늘은 어제보다 훨씬 더 좋은 일이 생길 게 분명해!"

이렇게 말이다. 자기 스스로에게 최면을 걸듯이 반복해서 말을 하면 스스로 그 분위기에 동화되게 되어 있다. 그리고 자기 스스로에게 기운을 북돋는 말을 하게 되면 어느덧 스스로 기운이 넘치게 된다. 그러는 동안 서서히 자기도 모르게 스스로 긍정적인 목표에 가까워지게 된다. 목표라는 것은 욕망이 있다는 것이고, 욕망이 있다는 것은 가능성이 있다는 것을 뜻한다.

지금 나에게는 나도 모르는 힘이 있다. 다만, 그 힘이 있다는 것을 모르고 있기 때문에 내 스스로 힘이 없다고 생각하고 있을 뿐이다. 생각해 보자. 평소 유난히도 겁이 많은 사람이 지진으로 무너져 가는 건물에서 어떻게 아이를 안고서 십 몇 층 계단을 뛰어 내려 올 수 있을까. 과학의 힘으로는 도저히 설명할 수 없는 힘이 내 안에 잠들어 있다. 그 힘을 흔들어 깨우기만 하면 된다. 공상과학 영화에 나오는 초능력을 사용하는 초인들에 관한 이야기가 아니다. 나는 남들이 하지 않는 말을 들을 수 있고 남들의 머릿속 생각을 읽을 수 있으며 내가 원하는 만큼 상품도 판매할 수 있다. 단, 내 자신이 되고 싶은 모습(이미지)을 상상하는 것부터 시작한다.

실제로 매장에서 지내다 보면 베테랑 매니저의 경우 웬만해선 흔들리지 않는다. 실력의 차이는 보릿고개를 어떻게 넘기느냐의 차이에 있다. 매장에 입점고객이 줄고 있고 매출 또한 최근 들어 최악의 상황을 보이고 있다고 하더라도 이들은 오히려 더 기운을 내서 열심히 일하려고 한다. 그 차이는 어디에 있는 것일까? 바로 자기 자신을 믿는 힘에서 나온다.

'아무리 없더라도 오늘 단 한 명의 고객이라도 올 것이다. 나는 그 고객 한 명을 내 고객으로 만들 자신이 있다. 왜냐하면 바로 나이기 때문이다.'

세계적인 자기 계발작가 웨인 다이어는 『확신의 힘』에서 자기가 되고 싶은 이미지를 상상하는 것에 대해 이렇게 표현했다.

"더욱 가치 있고 새로운 자신을 세상에 나타내려면 여러분은 되고 싶은 모습이 이미 되었다고 가정하고 그 가정을 믿으며 살아가야 한다. 아직 여러분의 몸으로 나타나지 않았어도 자신이 원하는 모습이 되었다는 가정을 철저히 믿는다면 그 새로운 가치나 의식의 상태가 현실 속에 나타날 것을 확신해야 한다."

지금 내가 판매에 서툴다고 해서 스스로 자책하는 것만큼 미련한 것도 또 없다. 어제 1개를 팔았으면 오늘 2개를 팔 수 있을 것이고 내일은 3개를 팔 수도 있는 것이다. 실제로 팔고 못 팔고가 중요한 것이 아니다. 중요한 것은 언젠가 팔 수 있을 것이라는 믿음이다.

서비스를 **파는 남자**

판매를 하는 것은 다음 세 가지를 믿는 것부터 시작한다. 먼저 나 자신을 믿어야 하고 그 다음으로 상품을 믿어야 하고 마지막으로 고객을 믿어야 한다. 모든 것은 이렇게 생각하기 나름이다. 무언가를 판다는 것, 그리고 이를 통해 나와 고객 모두 만족을 얻어야 한다는 기본적인 명제는 절대 변하지 않는다. 그것은 나에 대한 믿음, 즉 확신의 크기에 달려 있는 것이다.

"나는, 내가 되고 싶은 사람이 이미 되어 있다!"
최고의 형이상학자 네빌 고다드가 한 말이다.
단순히 이렇게 말한다고 해서 당장 변화가 이루어지는 것은 아니다. 물론 자신을 믿지 못하고 이런 말조차도 생각하지 않고 말하지 않는 사람보다는 나을 테지만 말이다. 일단 자신을 믿고 이미 되고 싶은 자신의 이미지를 상상하라. 그리고 그때의 감정을 몸소 느껴보자. 당신이 어디에서 무엇을 판매하든 그 효과는 매우 쉽게 나타날 것이다.

"오늘 최고 매출 신기록을 달성했습니다."
"드디어 제 급여가 이만큼씩이나 올랐습니다."
"드디어 꿈에 그리던 내 이름으로 된 매장을 갖게 되었습니다."

이것이 바로 내일 내가 이루게 될 일들이다. 자기 자신에 대해서 충분히 믿게 되었는가? 그렇다면 이제 실제로 행동하는 일만 남았다.
'오늘 내가 꿈꾸었고 마음속으로 그토록 바랐는데 결국 아무것도 이루어지지 않았다. 나는 분명히 믿었음에도 불구하고 말이다. 역시

나는 안 될 팔자인가 보다.'

세상에서 가장 어리석은 사람은 성공하지 못한 사람, 실패한 사람이 아니다. 쉽게 포기하는 사람이다. 쉽게 포기하는 사람은 길거리에 지나다 보이는 약장수가 하는 말에 속은 사람과 같다. 그들은 처음부터 안 좋은 상품인 것을 알았음에도 불구하고 '혹시나' 하고 샀다가 '역시나' 하고 후회하는 사람이다. 설사 약장수에게 약을 샀다고 하더라도 긍정적으로 생각하고 좋은 의미를 부여한다면 그 약은 일종의 만병통치약처럼 최고의 위력을 발휘했을지도 모른다.

결국, 무엇이든 내가 상상하고 바라던 이미지를 믿고 조금이라도 그 모습에 가까워지고자 노력하는 실천이 필요하다. 이것이 최고의 영업인이 되는 진정한 방법이다.

오늘 지금 스스로 자신의 모습을 확신하고 그 모습을 몸소 느끼고 하나씩 적극적으로 실천해야 한다. 상상하라고 했다고 해서 진짜로 상상에만 그쳐서는 아무것도 이루어지지 않는다. '아니 상상하라고 해 놓고 이제 와서 무슨 딴 소리야?'라고 묻는 사람이 있을지 모르겠지만, 실제로 '이미지의 상상'이 시작이고 그 끝은 '실천'이다.

의심을 하려면 완벽하게 의심하라. 그것이 아니면 완벽하게 믿어라. 확신 앞에는 절대로 불가능은 있을 수 없다.

서비스를 파는 남자

31
service

절대 변하지 않는
나만의 원칙을 가져라

행동의 가치는 그 행동을 끝까지 이루는 데 있다.
- 칭기즈 칸

고객과의 관계를 생각해 보는 데 있어서 무엇보다도 중요한 것은 나 스스로의 가치관을 먼저 생각해 볼 필요가 있다. '판매자로서의 가치관' 너무 거창한가? 절대 아니다. 이것은 쉽게 말해서 '나만의 원칙'을 말하는 것이다. 나만의 원칙은 잠깐 생각한다고 해서 그 자리에서 뚝딱하고 나오는 것은 아니다. 오히려 시간이 지날수록 묵혀두었던 장맛이 나듯이 하나씩 하나씩 천천히 시간을 가지고 그렇게 만들어가는 것이다.

사람은 누구나 처음 일을 시작할 때는 경험부족에서 오는 어려움도 있다. 그렇지만 조금씩 경험을 쌓아가는 동안에 자기도 모르게 자기만의 원칙이 만들어지는 법이다. 초심에 경험을 더한 뒤 학습과 자기반성을 넣는 것, 그것이 바로 나만의 원칙을 만들어 가는 방법이다.

무엇보다 중요한 것은 그때그때 힘든 순간에도 버텨낼 수 있는 내 모든 것을 걸 수 있는 나만의 원칙이 있어야 한다는 점이다. 하루 이

틀 잠깐 동안 하는 아르바이트일지라도 나름의 원칙이 필요한데 수 개월에서부터 수년, 나아가 수십 년을 바라보는 인간관계에서 원칙이 없다는 것은 곧 그 일을 하지 말아야 한다는 것을 뜻한다.

직장생활을 하면 으레 소속된 회사마다 비전과 철학이 있다. 그 회사가 존재하는 이유와 영속성을 지향하는 모습을 뜻한다. 아무리 작은 기업도 비전과 철학이 없다면 그저 주먹구구식으로 회사를 운영하는 것과 같다.

마찬가지로 영업을 하는 사람으로서 나 자신의 철학과 비전, 원칙이 있어야 한다. 이것은 전적으로 나 개인의 고집이나 아집과는 다르다. 내 경쟁자와 나를 구분할 수 있는 가장 큰 차이. 이것은 내가 지향하는 미래의 모습을 위한 절대적인 것이다. 나만의 원칙, 즉 정체성을 가져야 하는 것이다.

흔히들 자신의 일에 대해서 명확히 인지하고 있으며 주관이 뚜렷한 사람을 가리켜 '카리스마가 있다'라고들 말한다. 왠지 조금은 자기고집이 강한 느낌이 드는 표현이다. 하지만 '카리스마'라는 말은 우리가 알고 있는 단어의 뜻과는 조금 다르다. '카리스마'는 고대 그리스어에서 유래한 말로 '기꺼이 주다'라는 뜻을 가지고 있다. 실제로 고객을 대하는 직종에 있어서 '카리스마 있다'는 가장 잘 어울리는 표현이 아닐 수 없다.

이나모리 가즈오 교세라 회장은 그의 저서 『왜 일하는가?』에서 개인의 비전의 중요성에 대해서 이렇게 역설하였다.

"다른 사람과 같은 길을 걷는다면 늘 같은 것만 볼 것이다. 그것은

서비스를 파는 남자

내가 가야 할 길이 아니다. 모든 사람들이 걸었던, 아무것도 남아 있지 않은 길은 편할지는 모르지만, 아무 생각 없이 걸어도 그만인 길이다. 그런 길은 내가 가야 할 길이 아니다. 내가 가야 할 길은 낯설고 두렵지만 새로운 세상과 만나는 꿈으로 가슴이 벅차오르는 길이다."

멋지지 않은가? 지금 내가 속한 회사, 내가 판매하는 상품, 내가 매일 만나는 고객에 따라서 이러한 생각이 바뀌는 것이 절대 아니다. 나스스로 만족하는 나만의 길에 관한 변함없는 '나의 생각'인 것이다.

미국 유명 낙농체인인 스튜 레너드 사에는 커다란 돌에 이런 문구가 새겨져 있다.

<우리의 방침>
규칙 1. 고객이 항상 옳다!
규칙 2. 만약 고객이 옳지 않다고 생각된다면 '규칙 1'을 다시 읽어라.

여기서 상황을 나의 경우에 대입해 보아도 좋다.
규칙 1. 고객을 대하는 나의 신념은 항상 옳다.
규칙 2. 만약 나의 생각이 옳지 않다고 생각된다면 '규칙 1'을 다시 읽어라.
어떤가? 한결 명확해지는 기분이 들지 않은가?

그렇다면 매일 고객을 상대하는 나의 관점에서 생각해 볼 수 있는 원칙에는 어떤 것이 있을 수 있을까? 당장 시작할 수 있는 작은 것에서부터 우선 생각해 보자.

매일 누구보다도 가장 먼저 일찍 출근한다.

매장 진열은 적어도 하루에 한 번 이상 반드시 바꿔본다.

하루에 한 명 더, 그리고 한 번 더 전화 드린다.

구매와 상관없이 상담 후 연락처를 남긴 고객께는 그날 즉시 문자 메시지를 드린다.

내가 버는 돈의 1/10은 고객을 위해서 사용한다.

개인의 확고한 비전을 갖고 있다는 것은, 비전이 없는 삶과 커다란 차이를 보인다. 비전을 가지고 있는 사람은 하루하루에 힘겨워 하지 않는다. 아무리 고객이 많이 오고 매출이 좋은 날이라고 해도 무조건 희희낙락하지 않고, 아무리 고객이 없고 매출이 나쁜 날이라고 해도 결코 쉽게 좌절하지 않는다. 내가 가고자 하는 명확한 목적지가 있기 때문이다. 그곳에 가는 길이 잠시 가로막힌다 하더라도, 앞이 막혀 잘 보이지 않더라도 낙담하지 않고 또 다른 길을 찾기 위해 동분서주 움직인다. 자기 자신에 대한 비전, 즉 믿음을 가지고 있기 때문이다.

성공학의 대가 브라이언 트레이시는 『절대 변하지 않는 8가지 성공원칙』에서 원칙에 대해서 이렇게 설명하고 있다.

"인생에는 '10/90 법칙'이라는 것이 있다. 이 법칙은 어떤 분야든 성공에 필요한 기본 법칙, 원칙, 규칙, 방법, 테크닉을 발견하기 위해 투자한 10퍼센트의 시간이 목표를 달성하는 데 필요한 시간과 노력의 90퍼센트를 절약해 준다."

서비스를 파는 남자

매일 아침 매장에 나서는 나에게 있어서 변함없는 나의 원칙 네 가지가 있다.

첫째, 먼저 고객에게 다가선다.

'오늘 구매한 영수증을 들고 주위를 둘러보는 고객은 사은행사장을 찾는 고객일 것이다.'

'어린 아이의 손을 잡고 기쁜 표정으로 엘리베이터를 타고 있는 할아버지, 할머니는 손주 선물을 사러 오셨을 것임에 틀림없다.'

이런 느낌이 들었을 때는 먼저 다가서서 인사를 나눠보는 것이다.

"혹시 사은행사장 찾으시는지요, 고객님?"

"손주 되시나봐요. 참 예쁘네요."

그러면 열에 아홉은 내가 건넨 한 마디에 반가운 얼굴로 맞아준다.

"아예. 마침 사은행사장이 어디인지 몰라서 찾고 있었습니다."

"내일이 이 손주 녀석 생일이라 옷 한 벌 사주려고 왔지 뭐유."

고객을 상대한다는 것은 결코 쉬운 일은 아니다. 그렇지만 내가 어떻게 마음먹느냐에 따라 무한한 가능성이 숨겨져 있다. 처음에 한 번 두 번 고객의 거절을 받게 되면 사람은 누구나 의기소침해지게 마련이다. 그럴수록 자기 자신에 대한 실망감이 더해지게 되고, '나는 지금 여기서 무엇을 하고 있는 것일까?' 하는 일종의 자괴감까지도 마음속에 자리 잡는다. 이 정도까지 왔으면 심리적인 반전은 쉽지 않다. 마치, 시골에서 농사를 짓던 사람이 서울 생활을 동경해서 갑자기 올라왔다가 짧은 기간의 힘든 경험을 통해서 다시 귀농을 결심했다고 하는 '매우 통속적인 TV 드라마'에 나오는 주인공의 모습과도 같다고 하겠다.

애초에 시작부터 나에 대한 확고한 믿음, 자존심, 자신감이 있지 않으면 게임의 결과는 예상할 필요조차 없다. '일부러 지려고 나선 경기를 무엇 하려고 지켜보겠는가? 차라리 집에서 TV로 뉴스를 보는 편이 더 낫다.'라는 생각으로 고객을 상대한다면 매장에 들어서기도 전에 이미 진 것이다. 슈테판 파이퍼는 그의 저서『영업의 심리학』에서 세일즈맨의 자신감에 대해서 다음과 같이 언급하였다.

"당신이 만약 세일즈맨이라면 무엇보다 당당하게 행동하라. 세일즈맨의 나쁜 이미지 때문에 스스로 위축된다면 그 분야에서 발휘할 수 있는 당신의 성취능력은 저지되고 발전 가능성 또한 제한받게 된다."

나는 처음 매장에 근무하게 되는 직원들과 면담을 하는 자리에서는 항상 이런 말을 한다.

"당신 가슴에 붙어 있는 명찰을 보세요. 매장에 근무하는 사람들은 모두 동일한 명찰을 달고 있습니다. 수십 년 일한 직원도 그 명찰이고, 지금 처음 나온 당신도 그 명찰을 달고 있습니다. 고객이 보기에는 나이를 떠나서 누구나 다 똑같아 보입니다. 고객은 베테랑 매니저인지 아르바이트 첫날 나온 병아리 직원인지 궁금해 하지 않습니다. 일을 모르는 건 괜찮습니다. 모르는 게 당연하니까요. 하지만 모른다고 끝낼 게 아니라 다른 사람에게라도 물어서 고객에게 답변해 주어야 합니다. 그게 당신의 역할입니다. 가장 필요한 건 자신감입니다. 고객이 나를 필요로 할까 생각하지 마세요. 먼저 다가가세요."

서비스를 파는 남자

둘째, '내가 최종 책임자다'라는 주인의식이다.

'나는 고객을 처음 만나는 사람이자 고객을 마지막으로 만나는 사람이다.'라는 마음가짐이 절대적으로 필요하다.

"당신 말고 여기 책임자 나오라고 해!"

매장에서 가장 자주 듣는 말 중의 하나이다. 매장에서 지내다 보면 고객들은 어떤 결과가 자기 마음에 들지 않을 경우 꼭 담당자, 그러고 나서 높은 사람을 찾는다. 그렇지만 실제로 지위가 조금 높은 사람이 나왔다고 해서 결과가 달라지는 경우는 거의 없다. 오히려 그 사람보다 더 높은 사람이 나올 것을 요구하며 점점 더 목소리만 커질 가능성이 더 높다. 매장 직원이 어쩌다 실수를 하거나 아니면 매장이 아닌 배송 단계에서 생긴 과실이라고 하더라도, 고객의 마음에 들지 않는 상황이 생기면 이렇게 담당자를 찾는다.

물론 애초에 그런 상황이 생기지 않도록 근본적으로 사전에 더 잘 확인했어야 한다. 직원의 실수든 배송 중에 생긴 상품의 파손이든, 어쩌면 고객이 착각을 하는 경우든(실제로 이런 경우도 꽤 많다) 말이다. 백화점이라는 업태의 특성상 무조건 큰 소리를 내고 보면 통한다고 생각하는 사람이 의외로 많다. 실제로 대부분의 경우에, 큰 소리가 나면 우선적으로 상황을 무마하고자 직원들이 더 노력한다고 생각하기 때문이다.

"당신과는 말이 안 통하네요. 당신 말고 여기 책임자와 얘기하고 싶군요. 당장 나오라고 해 주세요!"

그럴 때면 나는 우선 직원으로부터 상황설명을 간단하게 듣는다. 그리고 우선적으로 사과말씀과 함께 고객 앞에 나선다. 하지만 이런저런 말들을 주고받고도 당장 해결하지 못하는 경우도 많다.

"당신도 안 된다는 말이죠? 여기 더 높은 사람은 없나요? 당신이 안 되면 제일 높은 사람은 될 거 아니에요. 내 상황을 해결해 줄 수 있는 더 높은 사람 나오라고 하세요!"

"예, 고객님. 물론 직급 상으로 저보다 더 높은 사람은 있습니다. 하지만, 그 사람도 이 상황을 해결해 주지 못합니다. 이 상황은 제가 최종 책임자입니다. 해결하거나 고객님을 돕는 것도 제가 할 수 있습니다."

다른 건 몰라도 이와 같은 고객응대에 있어서 나는 절대로 내 윗선으로 고객을 올려 보내지 않으려고 최선을 다한다. 그것은 직장인으로서 윗사람에게 잘 보이려고 하는 일종의 아부라고 말하는 사람도 있겠지만 실상은 근본적으로 다르다. 앞에서 이야기한 것처럼 실무자인 내가 판단하기에 가능하면 가능한 것이고, 안 되면 안 되는 것이기 때문이다. 나 이외의 사람이 이 상황을 해결해 주는 것은 천부당만부당한 것이다.

셋째, 회사의 규정과 나의 원칙을 착각하지 마라.

자기 스스로 세운 원칙과 회사의 규정을 착각하는 사람들이 있다. 이것은 영업인으로서의 태도에서 가장 위험한 생각이다. 회사의 규정은 당연히 지켜야 한다. 그것은 내가 회사에 소속되어 있는 한 그 규정을 벗어나는 순간 내 직책과 업무가 위험해진다는 것을 뜻한다. 그렇다고 해서 고객에게 회사의 규정을 가장 먼저 언급한다는 것은 가장 바보 같은 짓이다.

"죄송합니다. 고객님 입장은 잘 알겠습니다만 회사 규정이라서 안 됩니다."

만약 내가 고객이고 담당자가 내 앞에서 이렇게 말한다면 기분이 어떨까? 아마도 백이면 백, 헤비급 복서의 핵 펀치로 눈앞에서 때려눕히고 싶은 마음이 간절할 것이다. '회사 규정이라는 단어'는 고객에게 절대로 언급할 필요가 없다.

오히려 그럴 경우 고객 앞에 한 걸음 더 나아가서 이렇게 말해야 한다.

"괜찮으시다면 고객님의 입장을 대신해서 제가 직접 처리방법을 알아보도록 하겠습니다. 지금 당장 어려울 수도 있습니다. 그럴 경우에는 반드시 ○월 ○일까지는 제가 직접 책임지고 연락을 드리겠습니다. 저를 믿고 맡겨주십시오."

이처럼 상식적으로 안 된다고 생각하는 것을 어떻게 노력해서 되게 할 것인지, 아니면 최소한 고객의 입장에서 고려해 보고, 되는 방향으로 할 것인지가 중요하다. 고객을 대신해서 알아보고 살펴보는 것, 그것이 진정한 영업인이 갖추어야 할 자세다.

마지막으로 넷째, 반드시 앞에 말한 원칙들을 지켜라.

고객 응대 업무를 하다보면 이런 일, 저런 일 여러 가지 상황을 겪게 되는 것은 당연하다. 그 안에서도 반드시 지켜야만 하는 나름의 원칙을 세우는 것이 필요하다. 그리고 그 원칙은 하늘이 두 쪽이 나도 반드시 지켜야만 한다. 이럴 때는 이렇게 저럴 때는 저렇게 엿가락처럼 바뀌는 원칙은 더 이상 원칙이 아니다.

고객이 조금 더 큰소리치면 교환이든 환불이든 원하는 대로 다 해주고, 아무 소리 하지 않으면 마땅히 해 드려야 할 것도 안 해준다면 과연 그 매장이 얼마나 오래 갈 수 있을까? 판매자와 고객, 둘 만이 알고 있는 일이라고 당장 덮어 버리더라도 언젠가는 밝혀지게 될 일이다. 가장 먼저 무엇보다도 중요한 것은 '약속을 지키는 사람'이 되어야 한다는 것이다.

지금 현재 회사에 소속되어 있다면, 그리고 그 회사가 유구한 역사와 전통, 앞으로의 생존전략을 고민할 줄 아는 회사라고 한다면 백퍼센트 '비전'을 가지고 있다. 회사의 비전이라고 한다면 그 회사의 존재 이유, 앞으로 나아가야 할 방향을 설명한다. 그래서 비전(Vision)을 다른 말로 飛前(앞을 향해 날아가는 비법)이라고도 말한다.

마찬가지로 나 개인에게도 명확한 비전이 있어야 한다. '내가 매장에 존재하는 이유이자 목적은 무엇인가'를 잘 생각해 보자.

세상에 그 어떤 것도 존재의 이유가 없는 것은 없다. 그냥 있는 것은 없다는 말이다.
'내가 왜 매장에 있어야 하는가?' 깊이 있게 고민해 보자.

서비스를 파는 남자

첫 번째 고객과 마지막 고객은
언제나 나 자신이다

세계를 움직이려고 한다면 우선 자신부터 움직여라.
- 소크라테스

상품을 판매하는 사람은 누구보다도 자신이 취급하는 상품에 대한 애착이 강하다. 자신의 상품은 곧 자기 자신을 말하는 것이기 때문이다. 내 상품에 대해서 헐뜯거나 손가락질하는 사람이 있으면 그것은 곧 나 자신을 욕하는 것과 똑같은 것으로 받아들인다. 그만큼 상품은 또 하나의 자존심이고, 나 자신으로 여긴다.

매장에서는 저렴한 상품을 판매할 경우, 고객은 그 판매자를 마치 그 가격과 동일시하게 바라보는 경향이 있다. 가격이 싸다고 해서 그 상품을 판매하는 사람의 인격이 싼 것은 결코 아니다. 오히려, 가격과는 전혀 상관없이 내가 판매하는 상품을 사랑하고, 그런 나 자신에 대해서 자부심을 가져야 한다. 자신의 마음속에 있는 진정한 자신의 모습에 커다란 자부심을 느낄 줄 알아야 한다.

세상이 나를 보는 시선과 나에게 던져내는 말들은 정작 나에게는 아무 의미가 없는 것이다. 오로지 내 스스로 나에 대해서 어떻게 생각하느냐에 내 운명이, 내 미래가 달려 있다. 내가 온전히 나의 모습을 가질 수 있다는 것, 내 안에 모든 능력이 이미 주어져 있다는 뜻이다. 단지 이미 있는 것을 필요할 때 즉시 꺼내 쓸 수 있도록 준비하는 자세만 필요할 뿐이다.

마침 고객이 찾는 제품이 매장에 딱 한 개가 남아 있다. 다시 주문을 하면 일주일은 걸릴 것 같다. 그리고 고객은 당장 이 제품을 사길 원한다. 그런데 이게 웬일인가? 자세히 살펴보니 제품에 아주 작은 미세한 흠집이 있는 것이다. 이것을 말했을 경우 사지 않을 확률이 높다. 그렇지만 생각해 보니 자세하게 들여다보지 않는 이상 절대로 고객이 알아챌 수 없을 정도의 미세한 정도다.

'그냥 팔아도 되겠지? 어차피 고객도 지금 당장 필요하다고 하잖아. 별로 문제없을 것 같은데…….'

'조금 흠집이 있다고 하고 그냥 보여드려 볼까? 그랬다가 안 사면 어떡하지?'

마음속은 이미 천 갈래 만 갈래 고민이 생겨나는 것이다. 이럴 때 전자와 같은 생각으로 그냥 두 눈 꾹 감고 상품을 팔았다면 그 순간에 이미 내 자신의 마음에 패배한 것이다. 한 번의 작은 속임은 결코 작지 않기 때문이다. 그 경험으로 인해 내일도, 모레도 그런 경험이 반복될 것이 확실하기 때문이다.

물론 업무를 하다 보면 어쩌다 실수를 하게 될 때도 있다. 그 실수 때문에 고객이 무척이나 화를 내게 될 때도 있다. 하지만 실수와 눈속임은 완전히 다른 것이다. 실수를 했을 경우에는 즉시 사과하고 진심으로 용서를 구해야 한다. 그 순간을 놓치게 되면 결국 실수가 눈속임으로 바뀌게 되는 것이다. 당장은 눈앞에서 벌어진 실수를 감출

서비스를 **파는 남자**

수 있을지 몰라도 언젠가는 결국 알게 되어 있다. 설사 오랫동안 상대방이 그 사실을 모른다고 하더라도 실수를 하게 된 그 순간에 이미 '하늘이 알고 땅이 알고 내가 알고 있는 것'이다.

거짓은 덮으면 덮을수록 더욱 큰 거짓으로 다가온다. 왜냐하면 이미 내 마음속에 있는 거짓에 대한 두려움이 있어서 나도 모르는 사이에 이전보다 점점 커져 있기 때문이다.

잠깐의 눈속임으로는 누구든지 속일 수는 있다. 하지만 그렇게 마음먹는 그 순간의 자신까지 속일 수는 없는 법이다. 내가 무언가를 판매하는 사람이라면 그 시작도 나 자신에서 시작하고, 그 끝도 나 자신에서 끝난다. 첫 번째 고객도, 마지막 고객도 바로 나 자신인 것이다.

결국 내가 파는 상품은 가격이 싸든 비싸든 그것이 중요한 게 아니다. 그 상품을 바로 '내'가 판다는 것이 중요한 것이다. 당연히 눈앞에 보이는 숫자의 가격대로 판매를 하겠지만 내가 어떤 생각을 가지고 고객님께 전달해 드렸는지가 중요하다. 내가 먼저 최선을 다해서 가장 좋은 상품을 고객님께 전달해 드렸을 때가 단 한 번의 진정한 순간인 것이다. 그 순간의 마음은 아주 잠깐이지만, 그리고 누구도 눈치챌 수 없는 순간이지만 오직 나만이 느낄 수 있다. 내가 그 순간에 최선을 다했는지, 아니었는지를 말이다.

세계적인 심리학자 나다니엘 브랜든도 이 상황에 대해서 다음과 같이 강조하였다.

"진실하게 살지 않으면 첫 번째 희생자는 늘 자신이 된다. 거짓은 결국 자신을 향하게 되어 있다."

이런 상황에 가장 어울릴 만한 이야기가 있다.

어느 마을 입구에 노인 한 명이 살고 있었다. 그 노인은 항상 마을 입구에 있는 나무 그루터기에 앉아서 하루를 보냈기 때문에 마을에 들어오는 사람이나 나가는 사람이나 가장 먼저 노인을 만날 수밖에 없었다.

어느 날 이 마을에 젊은 남자 한 명이 나타났다. 그는 노인을 보자마자 인사도 없이 대뜸 물었다.

"어르신, 제가 이 마을에 정착하고자 하는데 이 마을 사람들은 어떤가요?"

노인은 젊은이를 찬찬히 살펴보다가 되물었다.

"자네가 살던 곳의 사람들은 어땠는가?"

"말도 마십시오. 그곳은 서로 미워하고 헐뜯는 사람들만 그득했습니다."

그러자 노인은 혀를 끌끌 차면서 말했다.

"저런 어쩐다. 이곳 사람들도 다들 똑같은데……."

며칠 후 또 다른 젊은 남자가 마을에 들어왔다. 그 역시 노인을 보자마자 인사를 건네며 물었다.

"어르신 안녕하십니까? 제가 이 마을에 이사 오려고 하는데 이곳 사람들은 어떻습니까?"

그러자 노인도 지난번과 똑같이 되물었다.

"자네가 살던 마을 사람들은 어땠는가?"

"무척 친절한 사람들만 살았습니다. 어쩔 수 없이 떠나오긴 했는데 참 아쉽습니다."

그러자 노인은 빙그레 입가에 미소를 지으며 젊은이의 손을 잡으며 말했다.

"잘 오셨소, 젊은이. 이곳 사람들도 당신이 살던 곳과 똑같다오. 그러니 자네는 잘 지낼 수 있을 것이오."

마찬가지로 고객은 내가 생각하는 바로 그 고객인 것이다. 내가 멋진 고객이라고 생각하면 멋진 고객인 것이고, 나를 힘들게 하는 고객이라고 생각하면 결국 나를 힘들게 하는 고객인 것이다.

누구나 경쟁사회에 살고 있다고 생각하는 지금 이 시점에 있어서, 항상 경쟁자를 인식하고 있다는 것을 너무도 당연시하게 여긴다. 하지만, 중요한 것은 결코 경쟁자의 생각과 행동이 아니다. 가장 중요한 것은 경쟁사가 아니라 바로 고객의 생각이다. 결국 고객이 어떻게 생각하고 있는가, 우리의 행동을 고객이 어떻게 받아들이고 있는가, 고객의 생각이 어떻게 변화하고 있는가이다. 결코 경쟁사가 아니다.

박용후 작가는 그의 저서 『관점을 디자인하라』에서 경쟁자에 대한 마음자세를 이렇게 표현하였다.

"경쟁자에게 집착하거나 집중하는 일은 피해야 한다는 것이다. 경쟁자를 바라보면 서비스는 비슷해질 수밖에 없다. 기존의 틀 안에서 어떻게 하면 더 많은 소득과 이윤을 낼 것인가에만 집중하게 된다는 거다. 상대적인 의미에서 볼 때 경쟁자는 무가치하다. '인지의 대상'이지 '집중의 대상'이 아니기 때문이다."

즉 경쟁사를 생각하는 순간 결코 그 경쟁사의 서비스 수준을 뛰어넘을 수 없다는 말이다. 오히려 고객을 생각하고 눈높이를 맞추려고 해야 고객의 기대치 이상을 해 낼 수 있는 법이다.

가슴에 손을 얹고 나 자신을 생각해 보자. '나 자신의 능력을 백퍼센트 확신하고 있는가? 아니면 마음 한 구석 일말의 의심을 가지고 있는가?'를 말이다. 판매라는 것은 다른 사람에게 내 마음을 보여주기에 앞서 내 자신의 마음을 먼저 보는 것이다. 내가 나를 믿을 때, 비로소 판매를 할 자세가 되어 있는 것이다.

결론적으로 말하지만 절대로 '좋은 고객', '나쁜 고객'은 있을 수 없다. 그것은 결국 판매자가 어떻게 생각하느냐에 따라 나타나는 지극히 주관적인 그만의 생각일 뿐이다. 당신이 고객을 어떻게 생각하느냐에 따라 좋은 고객도 되고 때에 따라서는 나쁜 고객도 될 수 있다. 결국 모든 것의 시작은 나의 마음, 나의 태도에 달려 있다.

올바른 고객을 만날 기회를 기다리지 말고, 내가 먼저 올바른 판매자가 되는 것이 중요하다. 모든 것은 언제나 '나'로부터 시작되는 법이다.

좋은 고객 나쁜 고객은 없다. 그렇지만 좋은 판매자, 나쁜 판매자는 실제로 있다. 바로 나와 함께 존재하고 있다. 그게 나인지 아닌지 생각해 보자.

서비스를 파는 남자

나 자신을
가장 비싸게 매겨라

내가 근무하는 백화점 안에서도 판매를 하는 직원의 경우 각자 벌어들이는 소득의 수준은 하늘과 땅 차이다. 당연히 엄청난 매출을 올리는 사람의 경우 억대 연봉인 경우도 있고, 이제 갓 들어온 수습사원의 경우 일반적으로 우리가 알고 있는 아르바이트 수준의 급여를 받는 경우도 있다.

이럴 경우 대부분의 사람들은 '많이 팔기 때문에 많이 받는다.'라고 단순하게 생각하기 쉽다. 결과적으로는 맞는 말일 수도 있다. 하지만 그 안에 숨겨져 있는 훨씬 더 중요한 것은 그 사람이 많이 파는 방법, 즉 그 사람만의 노하우와 고객관리에 있는 것이다. 어떤 노력을 기울여서 그렇게 많이 팔 수 있는 것인지, 그리고 얼마나 많은 우수고객을 상대하고 있는지에 달려 있는 것이다. 그런 내면적인 것은 보지 않고 단순히 결과만을 본다면 배울 점이 무엇이 있을까.

어떤 집에 한밤중에 보일러가 고장이 났다. 모든 식구들이 그날 밤 오들오들 추위에 떨었다. 아침이 밝자마자 급하게 보일러 수리공을 불렀다. 보일러 수리공은 잠시 동안 집 안팎 여기저기를 둘러보았다. 잠시 생각에 잠긴 듯하더니 가방에서 나사 하나를 꺼내는 것이 아닌가? 순식간에 다 고쳤다는 말과 함께 보일러 수리공은 집을 떠났다. 그리고 며칠 뒤 그 집에 청구서가 날아들었다.

집주인이 청구서를 열어 보니 무려 200달러가 청구되어 있었다. 너무도 어이가 없어서 화가 난 집주인은 당장 그 수리공에게 전화를 걸었다.

"도대체 어디가 고장 났던 것입니까?"

"나사 한 개가 문제였습니다."

"뭐라고요? 나사 한 개라고요? 아니 여보세요. 고작 나사 한 개를 수리해 놓고 200달러를 청구하다니. 너무 한 것 아닙니까?"

그러자 보일러 수리공은 아무렇지도 않은 듯이 대답했다.

"나사 한 개 값은 5달러입니다. 하지만 나머지 195달러는 고장 난 부분을 찾는 데 든 비용입니다. 지금 보일러는 제대로 작동하고 있겠지요?"

집주인은 더 이상 할 말이 없었다.

이처럼 진정으로 남다른 실력을 가진 사람이라면 자신의 능력에 대해서 하늘 높은 자부심을 가지고 위와 같이 말할 수 있어야 한다. 그것이 남들이 할 수 없는 나만이 가진 진짜 실력이기 때문이다.

나폴레온 힐의 『나폴레온 힐 성공의 법칙』을 보면 자기가 가진 서비스의 힘, 그리고 자부심에 대해서 이렇게 말하고 있다.

서비스를 파는 남자

"우리가 서비스를 제공할 마음이 있어야 하고 준비가 되어 있어야 하는 가장 중요한 이유 중 하나는 서비스 제공을 통해서 다른 사람에게 자신의 능력을 보여줄 수 있다는 것이다.

'내가 받을 수 있는 대가를 먼저 보여주시오. 그럼 내가 할 수 있는 일을 보여주겠소.'라고 하는 대신에 '내가 가진 모든 능력을 보일 테니 나의 능력이 마음에 든다면 그때 대가를 지불해 주시오.'라고 말할 수 있도록 하라."

세일즈에 있어서 최고의 대접을 받는 사람들에게는 다음과 같은 특징이 있다.

첫째, 브랜드를 옮기게 되면 고객들도 따라간다.

이런 경우 고객들은 브랜드보다는 매니저에 대한 친밀도(충성도, Royalty)가 훨씬 더 높다. 따라서 톱 매니저의 경우 업계에서 매우 유명하며 브랜드 간의 스카우트 경쟁이 치열하다.

실제로 일 년 단위로 브랜드를 옮겨 다니면서 최고의 연봉을 계속해서 갈아치우는 사람도 본 적이 있다. 극히 드물지만 말이다.

둘째, 자기만의 업무 기준이 따로 존재한다.

당연한 얘기지만 브랜드 본사의 경우, 교환, 환불 등에 대한 기준이 존재한다. 하지만 베테랑 판매자의 경우 본사 기준보다 훨씬 더 폭넓은 기준을 가지고 있다. 그렇기 때문에 같은 브랜드 직원이라고 하더라도 점포마다 매니저의 역량에 따라 상품의 보유량, 신상품의 입고 시기, 교환/환불에 대한 기준 등이 상이하다. 본사 기준도 흔히 우리가 말하는 백과사전식의 기준에 지나지 않는다. 톱 매니저에게 있어서는 본사의 기준은 전혀 필요가 없는 것이다.

셋째, 자기 자신이 브랜드이며 하나의 회사다.

스스로 판매에 관한 모든 계획 및 관리에 철저하다. 이들은 상황이라든가 주위 환경에 의한 매출 부진을 결코 인정하지 않는다. 그리고 어떻게 해서든 방법을 찾아내서 실행한다. 최고 연봉을 받는 사람들은 결코 회사의 눈높이를 받아들이지 않는다. 그들에게는 이미 자기 자신이 설정한 훨씬 더 높은 눈높이가 존재하기 때문이다. 이들은 단순한 월급쟁이가 아니다. 이들은 자기 자신이 하나의 브랜드이자 회사라고 생각한다. 그렇기 때문에 회사가 정해 놓은 기준에 미달한다든가 하는 순간에는 스스로 물러날 줄 아는 용기를 가졌다.

자, 그렇다면 과연 내 자신의 가치는 얼마라고 생각해야 할까? 무모하리만큼 높은 가격을 매기더라도 상관없다. 그만큼 꿈과 목표가 큰 것이다. 내 자신이 판매하는 상품이라고 생각해 보자. 폐점시간도 지난 늦은 시간에 바구니에 남겨진 마지막 과일 덩어리처럼 할인 판매를 하고 싶을까? 절대 아니다. 오히려, 가장 밝은 조명 아래 놓인 빛나는 보석처럼 보이기를 원할 것이다. 그렇다. 나 자신은 할인 판매를 해야 할 상품이 아니라 최고의 가치를 받고 팔아야 한다.

상품을 판매하는 데 있어서는 여러 가지 요소가 필요하다. 일단 팔아야 할 물건(그것이 눈에 보이지 않는 서비스와 같은 품목일지라도)이 있다. 그리고 물건을 사는 사람 구매자가 있다. 그리고 판매가 이루어지는 장소가 있다. (인터넷도 엄연한 장소다.) 마지막으로 가장 중요한 요소로

서비스를 파는 남자

판매자가 있다. 만일 판매자의 중요성이 그렇게 높지가 않다면 애초에 아예 말없는 자판기로 대체해야 할지도 모른다. 앞에서도 이미 언급했지만 판매를 한다는 것은 단순히 상품 자체만을 판매하는 것이 아니다. 그것은 판매를 하는 당사자, 즉 '나 자신'을 판매하는 것이다. 그렇다면 그 가격은 얼마를 받아야 할까? 바로 이 고민에서 모든 것이 시작되는 것이다.

작가 헤밍웨이는 원고료에 대해 까다로운 인물이었다고 한다. 비싼 원고료를 요구했음은 물론이고, 어떤 경우엔 원고료가 맞지 않아서 원래 약속했던 출판사가 아닌 다른 곳에 원고를 넘긴 적도 있었다고 한다.

누군가 헤밍웨이에게 물었다.

"당신은 세계적인 작가인데 왜 그렇게 아무것도 아닌 돈에 신경을 쓰지요?"

헤밍웨이는 단호한 태도로 이렇게 대답했다.

"그 아무것도 아닌 것 때문에 아무것도 아닌 사람들이 나를 아무것도 아닌 사람으로 취급할까 봐 그렇습니다."

상품을 판다고 생각하면 그곳이 내가 가야 하는 곳의 끝이 되어버린다. 마치 낭떠러지 앞에서 끊겨버린 기찻길처럼 말이다. 하지만 조금만 생각을 달리하면 엄청난 차이가 생긴다. 내 말을, 내 마음을, 그리고 나 자신을 판다고 생각하면 이야기는 달라지는 것이다. 세일즈는 상품을 파는 것이 아니라 나 자신을 파는 것이다. 그렇다면 값은 얼마가 되어야 할까? 단순히 스캐너로 '삑!' 하고 스캐닝 했을 때 나타나는 절대적인 숫자로서의 가격은 무의미하다. 그보다 그 안에 담겨 있는 자신의 미래 가치를 생각해 보아야 한다.

세상에는 1등이 참 많다. 글로벌 기업 중에서도 매출액이든 시가총액이든 1등은 존재한다. 시간의 흐름에 따라 1등은 부침(浮沈)을 겪게 되고, 그렇게 순위도 계속 바뀌게 된다. 매장도 마찬가지다. 떠오르는 브랜드의 경우 한동안은 매출이 지속 상승하고 고객의 인지도도 계속 올라갈 것이다. 반대로 정점(頂點)을 찍고 내려가는 브랜드의 경우 매출은 지속적으로 하락하고 고객의 기억 속에서도 점점 잊혀 가게 되어 있다.

내가 있는 매장을 포함해서 주위 브랜드를 둘러보자. 내가 생각하는 1등 브랜드는 어디이고, 강점은 무엇일까? 브랜드 인지도, 우수한 품질, 합리적인 가격, 판매하는 사람의 능력, 분명히 이처럼 여러 가지 요인이 있을 것이다. 그리고 나의 것과 계속해서 비교하면서 생각해 보아야 한다. 어떤 점이 좋은지, 어떤 점이 못한지, 어디가 문제인지 등을 말이다. 그러면서 한 편으로는 배울 점과 흠잡을 점에 대해서 생각해야만 한다. 물론 잘하는 점에 대해서 배우고자 노력하는 부분은 필요하다. 하지만, 중요한 것은 단순히 나와 비교만을 해 보기에 앞서 나 자신을 좀 더 깊이 있게 들여다 볼 줄 알아야 한다.

이와 같은 말을 스스로 계속해서 생각하고 자신감을 불러 넣어야 한다. 내 자신에 대한 일종의 몸값은 남들이 책정하는 것이 아니다. 오로지 내 자신만 매길 수 있다. 그리고 그 값은 언제든지 최고여야만 한다.

'왜 나는 1등이어야만 하는가? 왜 나는 최고여야만 하는가?'

서비스를 파는 남자

나 자신을 판다고 생각하는 순간 당신의 마음속에 매겨진 가격은 무한대에 가깝다. 그만큼 그 순간은 소중한 순간이고 감사의 순간이다. 자, 이제는 내가 목표로 하는 내 인생의 몸값에 대해서 진지하게 고민해 봐야할 때이다. 지금 나에게 가장 필요한 것은 실력보다도 자신감이다. 남들이 나에 대해서 뭐라고 하건 내 자신이 가진 신념은 반드시 지켜야 한다. 그런 신념이 있어야만 당신이 목표로 하고 있는 그 목적지를 향해서 갈 수 있는 것이다.

자신감을 가져라. 나는 지금 누구보다도 가장 높은 몸값을 매길 준비가 되어 있다.
잊지 말자. 내 자신의 가격은 무한대라는 사실을 말이다.

인생 황금률의
스위치를 켜라

타인이 나를 소중히 여기기를 바란다면,
내가 먼저 타인을 소중히 여겨야 한다.

—증자(曾子)

백화점의 서비스 교육에 있어서 빠짐없이 하는 내용 중에 '쿠
션 용어'라는 말이 있다. 쿠션이란 게 무엇이겠는가? 쿠션이란
말 그대로 소파에 앉을 때 충격을 완화해 주면서 푹신하게 해주는 것
이다.

우리가 매장에서 하는 말도 이와 같다. 직접적으로 딱딱한 말을 하
기 전에 분위기를 다소 완화시켜 주는 쿠션언어를 쓰는 것이다.

- 죄송합니다만,

- 실례합니다만,

- 번거로우시겠지만,

이런 말 한마디를 붙였을 때 분위기는 상당히 완화되는 경향이 있다.

- 죄송합니다만, 그 제품은 품절입니다, 고객님.

- 실례합니다만, 먼저 오신 분 먼저 계산해 드리겠습니다.

- 번거로우시겠지만, 이 제품을 먼저 사용해 보시겠습니까?

말투도 직업병인지라 늘 서비스를 하는 입장이긴 하지만, 반대로 매장 밖에서는 서비스를 받게 되는 경우도 많다. 이럴 경우에도 '쿠션언어'는 자동적으로 입에서 튀어 나온다.

식당에서 주문을 할 때도, '바쁘시겠지만 여기 주문 좀 받아주세요.', '실례지만 물 한 컵만 더 주실 수 있는지요?'

택시를 탈 때도 '기사님, 수고 많으십니다. 실례지만 OO동 OOO에 가고자 합니다. 잘 부탁드리겠습니다.'

나의 이 한 마디에 서비스를 하는 입장인 상대방이 더 놀라곤 한다. 그리고 이 말 한 마디는 무언의 '플러스 알파'의 서비스가 되어 돌아오곤 한다. 실제로 서비스를 하는 사람 입장에서 보았을 때 '친절한 고객'을 상대하는 것만큼 기분 좋을 때도 없기 때문이다.

세일즈와 관련된 수많은 책에서 고객관계를 다루고 있다. 그리고 그 책들에서는 고객을 대하는 대화법, 응대법, 태도 스킬 등에서 무수히도 많은 방법을 설명해 준다. 하지만 많은 책들이 고객을 상대로 이기는 법에 대해서 알려주고자 한다. 이것은 일종의 '제로섬(Zero-sum) 게임'인 것이다. 하지만 진정한 고객관계는 제로섬이 아닌 퍼지티브섬(Positive-sum)이다. 승자와 패자가 있는 것이 아니라 모두가 승자가 되는 것이다.

조 지라드는 그의 저서 『판매에 불가능은 없다』에서 위와 같은 상황에 대해서 다음과 같이 언급했다.

"세일즈맨이 판매에 성공했을 때, 그곳에는 패자(敗者)란 없다. 그가 훌륭한 세일즈맨이라면 사는 사람이나 파는 사람이나 모두 승자(勝者)가 되기 때문이다. 세일즈가 성공하기까지의 파는 사람과 사는 사람과의 대결은 마치 게임이나 전쟁과 비슷하지만, 그것은 결국 누구도 피를 흘리지 않으며, 누구도 패자가 되지 않고 그리고 누구든지 승자가 될 수 있는 싸움인 것이다."

그렇다. 우리는 이처럼 머리로 이해하지 말고 가슴으로 이해하려고 노력해야 한다. 이 둘의 관계는 단순히 판매자와 구매자의 관계가 아니라 함께 손을 맞잡은 승자의 관계다. 처음에는 단순히 상품 매매의 관계로 시작되었을 것이다. 그런 인연이 한두 번 지속되다 보니, 직원의 입장에서는 나와 내 상품을 믿고 구매해 주는 고마운 단골고객이 된 것이고, 고객의 입장에서는 내가 필요로 하는 좋은 상품을 제때에 제 가격에 나에게 알려주는 고마운 직원이 된 것이다. 그렇기 때문에 상호간에 서로 Win-Win 하는 관계가 성립된 것이고, 이 관계는 우리가 생각하는 것보다 더 오랫동안 지속될 것임이 분명하다. 이것이 바로 판매에 있어서의 황금률이다.

"상대방이 정말 원하는 것은 상대방이 자신을 존중하고 이해하며 자신의 말을 들어주는 것이다. 당신이 상대방을 이해해 주는 순간 그도 당신의 관점을 이해하려고 노력하게 된다."

이는 펜실베이니아 대학의 데이비드 번즈 심리학 교수가 한 말이다. 그렇지 않은가? 내가 최소한의 존중을 받고 싶은 만큼 상대방을

서비스를 파는 남자

대해주면 된다. 그것은 무턱대고 극존칭을 사용하는 마구잡이 존중이 아니다. 내가 상황에 맞게끔 고객을 대할 때 존중한다는 것은 곧 나 자신을 존중하는 것과 같다. 사람은 누구든 마음속에 담겨 있는 속마음은 거의 같다. 나를 인정하고 그에 걸맞은 대우를 해주는 사람을 만나게 되면 나도 모르게 그만큼 상대방을 인정하고 대우해 주는 것은 당연한 것이다. 그리고 누군가로부터 인정받는다는 것만큼 행복한 경우도 없기 때문이다.

내가 알고 있는 황금률에 대해서 설명을 하고 있을 때 한 직원이 내게 물었다.

"내가 아무리 존경하는 마음을 가지고 친절하게 고객을 대해도 어쩔 때는 오히려 이런 나를 더 무시하는 고객이 있어요. 그럴 때는 모든 것이 다 귀찮아지고 내가 여기서 무엇을 하고 있는 건가 하는 생각이 들 때도 있어요."

물론 그렇다. 실제로 보통 사람이 생각할 수 없는 수준의 고객이 판매자를 비인격적으로 대할 경우도 많다. 그렇다고 우리가 그 고객이 수준이 낮다고 말하면서 손가락질만 할 수 있지는 없지 않은가?

조셉 머피의 『인생에 기적을 일으킨다』에 보면 인생 황금률에 대해서 너무도 멋지게 표현하였다.

"다른 사람에게 이러이러하게 생각해 주었으면, 이러이러하게 이야기해 주었으면, 이러이러하게 행동해 주었으면 하고 바라는 것과 같이 당신 스스로가 다른 모든 사람들에게 대하여 그렇게 생각하고, 그렇게 이야기하고, 그렇게 행동하라. 즉, 황금률을 실행하라. 자기를 위하여 바라는 것을 다른 모든 사람을 위해 하라. 그러면 헤아릴 수 없는 축복이 당신의 것이 될 것이다.”

백화점 매장이라는 곳은 언제나 많은 종류의 사람들로 붐빈다. 수많은 고객이 상품을 사고자 매장을 드나들고 있고 또 수많은 직원들이 상품을 팔고자 고객들을 응대하고 있다. 이들은 앞에서 말한 것처럼 가장 기본적으로는 상품의 판매와 구매라는 관계로 맺어져 있다. 하지만 결코 이처럼 1차원적인 단순한 관계로 끝나는 것은 아니다. 이 중에는 직원과 고객이라는 관계를 넘어서 가족 사이에서도 볼 수 없는 끈끈함이 묻어나는 사람들이 있다.

내가 매장에서 본 A매니저 또한 그랬다. 이 매장에서는 직원이 오랜 기간 근무한 만큼 많은 수의 단골고객을 확보하고 있었다. 하지만 단순히 단골고객의 숫자가 중요한 것은 아니다. 매장에서 이 직원과 단골고객의 만나는 순간을 보면 마치 오랫동안 만나지 못한 형제자매가 명절을 맞이하여 고향에서 만난 듯한 착각을 불러일으킬 정도다. 또한 마지막에 고객이 매장을 떠나는 순간에도 아쉬움이 남았는지 지나가는 고객에게 자기가 이 매장의 단골고객임을 설명하며 직원을 대신해서 신상품에 대한 홍보를 하며 판매에 나서기도 한다. 이런 장면을 어떻게 말로만 설명할 수 있을까?

고객이 나의 상품을, 나의 브랜드를, 나를 좋아해 주었으면 하고 생각만 할 필요는 없다. 그렇게 되길 바란다면 우선 내가 먼저 고객을 좋아하면 된다. 먼저 고객을 인정하고, 고객을 좋아하고, 고객을 사랑한다면 고객 또한 나를 인정하고, 좋아하고 사랑해 줄 것이다. 내

서비스를 파는 남자

가 진심으로 고객을 위하고 고객을 생각하고 고객을 사랑하는 순간에 비로소 고객 또한 내가 판매하는 상품을, 내 브랜드를, 그리고 나자신을 믿을 수 있게 된다. 황금률의 법칙, 이는 수천 년 인류의 역사와 함께 가장 오래된 인간 법칙의 하나이기 때문이다.

거울을 보듯 고객에게 한 걸음 다가서라. 그러면 거울 속에 비친 고객도 나에게 한 걸음 다가설 것이다.

35
service

이 세상에 팔 수 없는 것은
아무것도 없다

모든 사람은 예외 없이 누군가에게 무엇인가를
항상 세일즈하면서 산다.
- 톰 피터스

 이 제목만 보고서는 마치 봉이 김선달이 대동강 물을 팔았던
것처럼 코웃음 치는 사람도 있을 것이다.

'세상에 팔 수 없는 것이 없다니…, 그게 말이 되나?'

하지만, 그렇게 생각하는 순간 그 사람의 한계는 거기까지다. 생각
의 한계는 바로 그 사람이 생각하는 데가 한계인 것이다. 조금만 생
각을 달리 해보면, 조금만 관점을 달리 해보면 세상은 우리가 알고 있
는 것보다 더 많은 것을 보여줄 수 있다. 아니 지금도 세상은 더 많은
것을 보여주고 있다. 단지 우리가 그것을 보지 못했을 뿐이다.

과연 그렇다면 '무엇이든' 판매하기 위해서는 '무엇을' 해야 하는 것
일까? 그리고 당장 그 무엇을 '어떻게' 해야 하는 것일까?

하루 종일 비가 내리던 어느 해 여름날이었다. 대낮임에도 불구하
고 먹구름으로 인해서 밖은 어둡기 그지없는 날이었다. 말 그대로 매

서비스를 파는 남자

장에 고객 한 명 찾아보기 어려운 날씨. 매장에는 하릴없이 한가함을 이기지 못해서 갑자기 상품 정리를 열심히 하는 사람들이 더 많아 보였다. 그런 와중에 K매니저의 웃는 모습이 유난히 눈에 띄었다.

"무슨 좋은 일 있으세요? 오늘 매출이 좋아서 그런 것 같지는 않은데 무슨 좋은 일 있으세요?"

호기심이 발동하여 얼른 물어보았다.

"좋은 일은 많죠. 생각하기 나름 아닐까요? 방금 전에 고객님 한 분을 뵈었는데 그분께 제가 제 마음 일부를 팔았습니다."

"예? 마음을 팔았다고요?"

"예. 마음을 팔았습니다. 보아하니 저와 비슷한 40대 초반의 나이로 보였어요. 고객 분과 이야기를 하다 보니 본인이 구매한다기보다는 지인분 선물을 보시는 것 같았습니다. 솔직히 지갑이라고 하는 게 웬만해서는 선물하기 어려운 품목이거든요. 브랜드, 색상, 용도 등 고르기가 어려운 품목입니다. 그래서 이야기를 나누다 보니 저희 브랜드 상품은 안 어울리는 것 같다는 생각이 들었지요. 그래서 선물 받으실 분에게 더 어울리는 다른 브랜드를 소개해 드렸지요."

"그랬군요. 고객님은 뭐라고 하셨는데요?"

"오늘 선물은 다른 브랜드에서 구입하겠지만, 오늘 저로부터 마음을 사겠다고 말씀하셨어요."

"아, 그 뜻이군요."

"저는 오늘 지갑보다 훨씬 더 큰 제 마음을 팔게 되어서 기쁘기 그지없습니다."

이날 K매니저의 표정은 마치 최고의 매출을 달성한 날보다도 더 행복해 보였음은 말할 나위도 없었다.

우리는 고객이 상품을 구매하느냐, 구매하지 않느냐, 구매했으면 얼마짜리를 구매했느냐를 생각하기에 앞서 고객이 진정으로 행복한 미소를 짓는 모습을 보는 것을 목적으로 생각해 봐야 한다.

'매출의 80%가 상위고객 20%로 인하여 이루어진다.'는 것이 파레토의 법칙이다. 이 법칙은 오랫동안 유통업에 있어서 정설로 여겨져 왔다. 하지만 최근 몇 년간 업태의 다변화와 함께 온라인 시장이 급성장함에 따라 '롱테일 법칙'이 떠올랐다. '롱테일 법칙'이란 80%의 비핵심 다수가 20%의 핵심 소수보다 더 뛰어난 가치를 창출한다는 이론이다. 공간의 제약을 받지 않는 온라인 매장의 경우, 고객이 원하는 건 뭐든지 살 수 있다는 자신감이 뒷받침되기 때문이다.

그렇지만 우리가 생각하는 진정한 서비스는 '파레토의 법칙'과 '롱테일 법칙'들 중 어느 한 쪽을 선택하는 것이 아니다. 서비스는 각 상황에 맞춰 오로지 본인의 판단에 따라 그 순간에 최선을 다하는 것이다. 상품 따로 고객 따로 가격 따로 고민할 필요가 전혀 없다. 내 눈앞에 지금 서 있는 고객에게 내가 가진 모든 역량을 집중해야만 하는 것이다.

이렇듯 이 세상에는 우리가 알지 못했던 고객의 잠재 수요는 얼마든지 있다. 단지 그것을 눈앞에 두고도 우리는 전혀 모르고 있을 뿐이다. 똑같은 A라는 상품도 어떤 고객에게는 그토록 애타게 찾던 상품일 수도 있고 또 다른 고객에게는 사봤자 쓰지도 않는 짐만 되어버리는 상품일 수도 있다. 각각의 개인에게 있어서 마음속에 담겨 있는 것이 무엇인지를 알아야 한다. 그것을 아는 사람은 너무도 쉽게 판매를 할 것이고, 전혀 모르는 사람은 말 그대로 주먹구구로 매일매일 헛발질을 할 수밖에 없다.

고객과 만나는 짧은 순간의 표정과 몸짓, 대화 속에는 그 사람에 대한 모든 것이 담겨 있다. 그리고 몇 가지 질문을 해 보면 그가 무엇을 필요로 하는지, 또는 무엇을 원하고 있는지 알 수 있다. 일단, 마음으로 다가가자. 그리고 질문을 해 보자. 그 다음 고객의 말을 마음으로 생각하면서 들어 보자. 그러고 나면 고객의 마음을 알게 될 것이다.

일본 요식업계의 전설 우노 다카시는 그의 책『장사의 神』에서 다음과 같이 말했다.

"난 말이야 나 외에는 가족이라 해도 모두 '손님'이라고 생각해. '어떻게 하면 손님 마음을 즐겁게 만들어서 가게에 오게 할 수 있을까?'를 계속 고민하다 보면 그것만으로도 가게에 커다란 플러스가 될 거야."

이처럼 모든 것은 어떻게 해서든 판매를 하고자 하는 판매자의 마음보다는 고객이 진정으로 바라는 것은 무엇일까를 고민하는 판매자의 마음가짐에 달려 있는 것이다.

고객은 상품 자체를 사는 것이 아니라 상품을 소유/사용했을 때의 만족감을 바라고 구매하는 것이다. 바로 상품 그 자체가 아니라 상품으로 인한 '미래 가치'를 바라고 구매하는 것이다.

그렇다면 가장 먼저 눈 여겨 보고 고민해야 할 것은 '내가 판매하는 상품이 고객에게 줄 수 있는 만족감은 무엇인가?'이다. 구매를 통해서, 고객이 느낄 수 있는 만족감이 금액보다 클 것인가? 작을 것인가? 그 크기를 알아보고 거기에 맞는 상품을 제안해야 한다. 아무리 좋은 상품도, 아무리 멋진 상품도, 아무리 소수의 한정된 사람들만을 위한 상품이라 할지라도 결국 고객의 마음을 흔들 수 있는 것은 그 상품을 통한 만족감을 느낄 때이다.

나에게도 얼마든지 끝없이 고민하고 생각해 낼 수 있는 열정이 있다. 그러므로 지금부터라도 달라야 한다.

생각해 보자. '왜 안 될까? 지금 당장 무엇을 해야 할까?'

그 다음에는 생각한 것을 일단 행동해 보는 것이다.

세상에 팔 수 없는 것은 없다. '못' 파는 곳은 철물점이다!

서비스를 파는 남자

36
service

성공하는 게
실패하는 것보다 훨씬 쉽다

역사적인 성공의 절반은 죽을지도 모른다는 위기의식에서 비롯되었고,
역사 속 실패의 절반은 찬란했던 시절에 대한 향수에서 비롯되었다.

– 아놀드 토인비

처음 이 책을 시작할 때 나는 '달란트' 이야기를 했다. 혹시 나
는 내게 주어진 '달란트'를 잊어버린 것은 아닐까? 오래 전 서
랍 속에 넣어 둔 것을 깜빡 잊어 버렸는데 길을 다니면서 찾고 있는
것은 아닐까? 그렇다면 나는 지금 이렇게 거리를 방황할 것이 아니라
집으로 돌아가 서랍을 열어보아야 한다.

지금까지 매장에서 지내왔던 시간 동안의 소중한 경험을 통해서
나는 나에게 주어진 '달란트'가 무엇인지 깨달았다. 끊임없이 많은 사
람을 만나는 것, 그리고 그들에게 내가 가진 재능을 통해서 도움을
준다는 것. 그것이 내가 가진 '달란트'였다. 서비스는 일부러 잘 하고자
마음먹는다고 해서 절대로 그냥 되는 것이 아니다. 그렇다고 무턱대고
끊임없는 훈련과 연습을 통해서 몸에 익히면 끝나는 것도 아니다.

차를 탔다고 가정해 보자. 내가 가고자 하는 방향과 멀어졌다고 판

단되면 어떻게 해야 할까? 운전대를 돌리면서 속도를 줄여야만 한다. 하지만 올바른 방향으로 가고 있다면 계속해서 속도를 올려야 한다. 서비스도 마찬가지다. 지금까지 올바른 방향으로, 올곧은 방법으로 최선을 다하고 있다면 방향을 틀 것이 아니라 가던 방향 그대로 속도를 올려야 한다. 한 번 속도가 올랐다면 그것으로 충분하다. 내가 향하고 있는 방향으로 전진만 하면 되는 것이다. 그것이 가능한 이유는 올바른 방향으로 가고 있다는 자기 믿음, 즉 확신이 있기 때문이다. 그것을 안다면 실패하는 것보다 성공하는 게 더 쉬운 법이다. 고객을 대하는 나의 마음과 행동이 옳다고 생각하면 그것을 충분하다. 지금 생각대로 끝까지 실행하면 된다.

중요한 것은 일을 할 때의 나의 마음가짐이다. 청소를 하든, 상품을 정리하든, 진열을 바꾸든, 아니면 단순히 매장에서 걸음을 걸을 때도 쉬지 않고 고민해야 할 것이 있다. 그것은 '나는 왜 지금 이곳에 있는가?'라고 스스로에게 자문해 보는 것이다. 단순히 때때로 생각할 것이 아니라 꾸준히 습관적으로 떠올려 보아야 한다. 이것은 단지 하루를 살아가는 것이 아니라 평생을 살아가는 데 있어 반드시 필요한 질문이기도 하다.

나의 경우 이 질문에 대한 대답은 '나로 인하여 고객이 행복한 꿈을 꿀 수 있도록 해 드리기 위해서'였다. 단순히 그 순간 내가 만난 고객을 만족시켜 드리기 위해서 노력하는 것은 일시적일 수 있다. 하지만 나로 인해 고객 스스로가 행복해할 수 있다면 그것은 결코 일회성이 아니다. 고객의 꿈은 현재진행형이면서도 동시에 미래지향적이 되는 것이다. 얼마나 멋진가? 고객과 함께 그들의 꿈을 응원한다는 것. 그것은 곧 내 꿈이 이루어지는 것이고 내 인생의 목적에 부합

하는 것이다. 이제 이 꿈은 단순한 성장이 아닌 퀀텀 점프(Quantum Jump), 이른바 양자도약을 하게 될 것이 분명하다.

데구치 히카루 작가는 그의 저서 『세상에서 내가 꼭 해야 할 일 천 명』에서 직업을 대하는 마음가짐에 대해서 이렇게 표현하였다.

"천명은 당신이 살아온 인생 속에 숨어 있다. 또한 당신이 깨닫지 못했을 뿐 그것은 계속 존재해 왔다. 그것을 알아내는 것은 쉽지 않지만, 스스로에게 '인생에서 일관되게 하고 있는 일은 무엇인가?'라는 질문을 계속 던지면 반드시 알아낼 수 있다."

이것은 곧 내가 현재 하고 있는 일에 대한 만족이며 나 스스로의 자부심이자, 나의 보람이어야 한다. 물론 때로는 힘든 고객을 만나서 자괴감이 들 때도 있다.

'아무리 우리가 잘못했다고 해도 똑같은 사람에게 저렇게 심한 말을 할 수 있을까?'

이런 생각에 때로는 직업에 대한 회의감이 들기도 하고, 단순 반복되는 일상에 지칠 때면 나 자신이 '쳇바퀴를 돌리고 있는 다람쥐' 같다는 생각을 할 때도 있다.

"사람들이 싫어하는 일, 귀찮아하는 일, 가능하면 안 했으면 하고 생각하는 일을 대신 해결함으로써 비로소 그것은 진정한 '일'이 되고, 그로 인해 가치가 형성되어 장사도 되는 것이다."

이는 앞에서 언급했던 『현장이 답이다』에 나온 표현이다.

중요한 것은 결국 그 순간을 참아내고 해내고야 마는 실천의 힘에 달려 있다. 아무리 천금만큼 천지가 개벽할 지혜도 내가 써먹지 않으면 아무 소용이 없다.

사람은 누구나 다 눈에 보이지 않는 끈으로 이어져 있다고 한다. 각자 그 끈의 끝부분의 매듭을 손에 쥐고서 자기도 모르는 사이에 누군가의 끈을 당기고 있는 것이다. 오늘 판매하지 못한 상품은 내일 판매할 수 있다. 그렇지만 오늘 만난 고객과 함께 행복한 순간을 만들지 못했다면 내일은 절대 불가능하다. 그것이 서비스를 업으로 삼고 있는 나의 운명인 것이다. '오늘 하루 만난 고객에게 무엇을 팔까?'를 생각하기 전에 '고객과 함께하는 그 순간에 어떻게 행복할 수 있을까?'를 고민해 보아야 한다.

내가 누구인지, 내가 몸담고 있는 브랜드가 무엇이든, 내가 팔고 있는 상품이 무엇인지는 결코 중요하지 않다. 가장 중요한 것은 고객을 만나는 순간 '내가 어떻게 가슴으로 느끼고 있는가?'이다. 마음 속 깊은 곳에서부터 울려 퍼지는 감사의 마음, 고객과 함께 진심으로 우러나오는 행복한 마음, 그것이 가장 필요하고 중요한 것이다.

오십이 훨씬 넘은 나이에 매장에서 아르바이트를 하시는 분이 계셨다. 이분은 나이와는 다르게 매우 젊어보여서 처음 보는 사람은 사십 대 중반이라고 해도 믿을 정도였다.

예전에는 브랜드 매니저로 약 삼십 년 가까이 일했었는데 나이도 있고 체력도 점점 떨어지고 해서 명예롭게 브랜드에서 은퇴했다고 하셨다. 하지만 그러고 나서도 백화점 생활이 좋아서 매일매일 이렇게 아르바이트를 나온다는 것이다.

서비스를 파는 남자

"항상 감사하는 마음을 가지고 하루하루를 살아갑니다."

무슨 일이 있든 항상 온화한 미소를 지으면서 이렇게 대답하시곤 했다.

"백화점은 제게 모든 것을 준 곳입니다. 형편이 어려울 때 이곳에 와서 판매를 하면서 가난을 이겨냈습니다. 제 자식들 모두 이곳에서 키워냈고 학교는 물론이거니와 결혼까지 시켰습니다. 그리고 이제 손주 녀석들이 곧 대학교를 간다고 하니 이만하면 제 평생이 곧 백화점 생활이 아닐까요? 그러니 제게는 이곳에서의 하루하루가 곧 행복입니다. 그저 감사할 따름이지요."

이 말은 나로 하여금 '내가 지금 이곳에 서 있는 이유'를 설명해 주는 것이기도 하다. 내 스스로 마음 속 무언가로부터의 깨달음, 그리고 나 역시도 지금의 내 자리에 감사하는 마음을 갖게 하는 것이다.

무엇보다도 나 스스로를 되돌아 볼 때 가장 필요한 마음가짐은 첫째도 '감사합니다.' 둘째도 '감사합니다.' 마지막도 '감사합니다.'이다. 결국 '항상 모든 것에 감사하라. 감사, 그리고 또 감사하라.' 이보다 소중한 것은 없다.

'화를 내는 고객이 계셔서 오늘 또 한 가지를 배웠습니다. 감사합니다.'

'환불하는 고객이 계셔서 또 한 가지를 경험했습니다. 감사합니다.'

성공하는 가장 빠른 지름길은 무엇보다도 이렇게 항상 감사할 줄 아는 마음을 가져야 한다는 것이다.

니시다 후미오 작가는 그의 저서 『된다 된다 나는 된다』에서 감사에 대해 이렇게 설명하였다.

"거짓말이라도 좋다. 감사하자. 감사하는 쪽이 이기는 것이다. 오늘 하루에 감사하고, 자신의 삶에 감사하고, 살아 있는 것에 감사하고, 부모와 가족에 대해 감사하고, 직업에 대해 감사하자. 그리고 자신의 운에 대해 감사하자. 당신의 운에 감사하면 운은 당신에게 올 것이다."

그렇게 끊임없이 감사하는 마음을 생각하고 고객을 대한다면 어느 순간 고객과 같은 생각을 하고 있는 나 자신을 발견할 수 있다. 그것은 마치 똑같은 소리로 울리는 소리굽쇠와도 같다. 그 순간이 바로 고객과 같은 울림으로 진동하는 순간이다. 이 모든 것이 바로 진심으로 고객에게 감사하는 마음에서 비롯된다는 것을 알아야 한다.

얼마 전의 일이다. 혼수 시즌을 맞이하여 이벤트로 매장에 웨딩 분위기를 연출해 놓았다. 웨딩 드레스와 턱시도를 입은 마네킹 한 쌍도 배치해 놓았고, 부케와 꽃길, 그리고 결정적으로 레드카펫도 연출해 놓았다. 그 날 마침 이십대 중반의 여성이 아버지와 함께 매장에 나타났다.

"우와. 레드카펫이에요, 아빠. 저와 함께 같이 걸어 봐요."

그러고 나서 딸은 아버지에 말했다.

"저도 곧 진짜로 이렇게 결혼을 하게 되고 아빠 곁을 떠나겠죠?"

아빠는 아무 말이 없었다.

"지금까지 쑥스러워서 한 번도 말을 못했어요, 아빠. 사랑해요. 그리고 진심으로 고마워요."

그리고 딸이 아버지의 팔을 꼭 껴안는 모습이 눈에 들어 왔다. 그순간 아버지는 딸의 말을 들으면서 눈물이 나는 것을 애써 참으려는

서비스를 파는 남자

것 같았다. 오히려 그 모습을 우연히 곁에서 지켜보고 있던 내 눈가가 촉촉해지는 것을 느꼈다.

이처럼 나는 매장에서 언제나 고객과 함께 감동의 순간을, 그리고 행복한 기분을 느낄 수 있다. 그것은 결코 어려운 것이 아니다.

할아버지 할머니 손을 잡고 행복한 표정으로 식당으로 향하는 손자, 손녀의 미소 속에 기쁨이 있고, 한 푼 두 푼 모아 놓은 돈으로 자녀의 옷 한 벌을 사주기 위해서 여기 저기 부지런히 발품을 파는 어머니의 얼굴 속에 행복이 있고, 세상 하나뿐인 사랑하는 연인을 위해 이것저것 물어보는 사람의 눈빛 속에 사랑이 있고, 결혼을 앞둔 자녀를 데리고 분주하게 혼수준비를 하고 있는 부모님의 손길 속에 희망이 있다.

그리고 이들과 함께 그 순간을 보내고 있는 나 역시 매일매일 기쁨을, 행복을, 사랑을, 그리고 희망을 느낀다.

오늘 하루 그랬던 것처럼 내일도 고객과 함께 미소 짓는 하루가 나를 기다리고 있음을 믿는다. 그래서 나는 오늘도 서비스를 파는 남자다.

오늘 만난 고객이 나로 인해서 진심으로 행복할 수 있었음에 감사의 기도를 올린다. 그 고객으로 인해서 나 역시 행복해할 수 있었음에 또다시 감사의 기도를 올린다.